# Manual do cerimonial social

# Manual do cerimonial social

## Da concepção ao pós-evento

---

**CASAMENTOS, BODAS E FESTAS DE 15 ANOS**

---

**Cristiane de Souza Costa Esteves**

Editora Senac Rio – Rio de Janeiro – 2017

**SISTEMA FECOMÉRCIO RJ**
**SENAC RJ**

**Presidente do Conselho Regional do Senac RJ**
Orlando Santos Diniz

**Diretor Regional do Senac RJ**
Marcelo José Salles de Almeida

**Editora Senac Rio**
Rua Pompeu Loureiro, 45/11º andar
Copacabana – Rio de Janeiro
CEP: 22061-000 – RJ
comercial.editora@rj.senac.br
editora@rj.senac.br
www.rj.senac.br/editora

**Editora**
Karine Fajardo

**Prospecção**
Emanuella Feix e Manuela Soares

**Produção editorial**
Clarisse Paiva, Cláudia Amorim, Gypsi Canetti, Jacqueline Gutierrez e Renato Oliveira

**Impressão**
Imo's Gráfica e Editora Ltda.

**1ª edição:** agosto de 2017

CIP-BRASIL. CATALOGAÇÃO NA PUBLICAÇÃO
SINDICATO NACIONAL DOS EDITORES DE LIVROS, RJ

S714m

Souza, Cristiane de.
Manual do cerimonial social: da concepção ao pós-evento - Casamentos, bodas e festas de 15 anos / Cristiane de Souza, Costa Esteves. - 1. ed. - Rio de Janeiro : Ed. Senac Rio, 2017.
152 p. : il. ; 23 cm.

ISBN 978-85-7756-398-2

1. Cerimonial público. 2. Promoção de eventos especiais. I. Esteves, Costa. II. Título.

7-43921

CDD: 394.4
CDU: 394.4

*À minha amada e eterna avó Jandyra Silveira de Souza, que vai morar para sempre no meu coração. Ela, que me dava incentivo aos estudos e à dedicação à minha profissão, e me esperava acordada de madrugada para ouvir o resultado de uma noite inteira de trabalho e realizações.*

*Ao meu marido, Marcos Almeida Esteves, que Deus enviou para me fazer feliz e acreditar na força do amor. Com ele tive a oportunidade de realizar dois grandes sonhos: organizar o próprio casamento e ser mãe de João Pedro Costa Esteves, um filho maravilhoso.*

# Sumário

**Capítulo 11 Quando pensamos ter visto tudo... 121**

# Prefácio

A atividade de eventos está passando por um período de transição em que o amadorismo tende a perder vez no mercado, cedendo espaço para a eficiência e a eficácia – qualidades essenciais ao bom profissional do setor.

Nesse movimento de busca por resultados mais plenos e felizes, incluem-se todas as áreas de interesse ou tipos de evento. Aliás, o sentimento de felicidade encontra campo fértil na esfera dos eventos sociais, nos quais a emoção deve reinar absoluta, emoldurada por competência e maestria na bem-sucedida condução da celebração de mágicos momentos representativos de diversas fases da vida.

Em tal cenário festivo não há personagens coadjuvantes e o próprio organizador profissional de eventos torna-se influência central e crucial de performance inesquecível.

Contudo, ainda há inúmeros acontecimentos especiais marcados por inabilidade e desonestidade de pessoas que se autonomeiam profissionais, quando na verdade são usurpadoras, dotadas de identidade habilidosa mas falsa, e aproveitadoras de investimentos sem o menor vestígio de sensibilidade e ética.

Para repelir esses farsantes, nada mais adequado que prover o mercado de dados e informações sobre o setor de eventos sociais, a fim de que se torne até mais crítico e exigente.

As dicas e orientações compiladas pela autora desta obra são um regalo de conhecimentos úteis e pertinentes a ambos os públicos: o organizador profissional de eventos e os clientes.

Aos organizadores profissionais de eventos é fornecido material para atualização e aprimoramento profissional, e aos clientes são oferecidos procedimentos e o passo a passo para o acompanhamento da própria organização.

Tal generosidade em compartilhar conhecimentos tem como mentora e facilitadora uma das mais responsáveis e experientes profissionais cariocas, que há três décadas se dedica com abnegação e, acima de tudo, afetuosidade a concretizar sonhos, sejam estes: casamentos, festas de debutantes, comemorações de diversas bodas ou formaturas.

Sua delicadeza ao acolher as inquietações dos celebrantes e seu olhar detalhista são apenas algumas das características que culminaram em seu extenso portfólio de realizações, já acima de mil eventos.

Minha experiência com eventos sociais começou ao lado dela e propiciou uma bagagem notável e ainda mais disciplinada.

Admiração e amizade também completam os valores que regem minha relação com a autora, fatos que enobrecem de modo intenso o compromisso de recomendar a leitura e elogiar o livro. Tal atitude não serve apenas para sedimentar técnicas e expertise, mas sobretudo para compreender que as emoções verdadeiras precisam ser sentidas por todos, sem exceção, e que o organizador profissional de eventos bem-sucedido deve ter como marca registrada o amor ao trabalho traduzido na concepção de sublimes momentos memoráveis, eternizados no coração e na alma de todos os envolvidos.

Boa leitura e felizes inspirações!

Andréa Nakane
Sócia-proprietária da empresa Mestres da Hospitalidade, voltada para a inteligência estrategista de organização de eventos corporativos e capacitação do talento humano para a área de turismo e hospitalidade.

# Agradecimentos

A Deus, que está sempre dentro de mim e ao meu lado. Com certeza, Ele me guiou e me guia todas as madrugadas.

Aos meus pais, Alberto e Sueli, que me transmitiram os ensinamentos da vida: amor, fé, caráter e honestidade.

Ao meu irmão, Carlinhos Lual, companheiro dos grandes eventos e apreciador do meu profissionalismo.

Às minhas recepcionistas, que trabalharam incansavelmente horas ao meu lado, formando a equipe indispensável a todo cerimonialista.

Aos meus fornecedores, também amigos e parceiros, além de sempre dedicados profissionais.

Aos clubes, igrejas e casas de festas que pude conhecer e cujos espaços aprendi a respeitar, com suas normas e diretorias.

A todos os meus clientes, que confiaram no meu trabalho e deram a merecida importância à minha profissão para concretizar seus sonhos.

Aos meus alunos de eventos, com quem tive e tenho a chance de compartilhar as minhas experiências.

A Andrea Tacoshi, Deise Montanarim e Gabriela Borges, responsáveis pelo incentivo à publicação deste livro.

A Marly Scalzilli, cuja parceria foi essencial no início de minha carreira.

# Introdução

Trabalhar com cerimonial social é, antes de mais nada, acreditar que ao fim de uma sucessão de tarefas alcançaremos o sucesso no evento. É um desafio constante, que se baseia, sobretudo, na expectativa, nos sonhos e no investimento do cliente. Muitas vezes vamos além do que o cliente espera e nos tornamos peças-chave para a perfeita concretização do evento. Sentir-se feliz com o sorriso de contentamento do seu contratante é a essência da realização profissional, além de respeitar, ouvir, acreditar, e, acima de tudo, criar, desenvolver com capacidade profissional aliada à honestidade da prestação de serviços sem "passar por cima" ou "atropelar" a concorrência.

O amor a essa profissão fez com que eu começasse, aos 15 anos, a desenvolver minha carreira. Com a grande ajuda da minha avó, do meu irmão e dos meus pais, investi meus sábados à noite no trabalho de cerimonial de casamentos, bodas e festas de 15 anos.

Muitos fornecedores que já atuavam no mercado foram figuras importantes para a montagem da minha equipe. Outros grandes amigos foram conquistados ao longo desses trinta anos de trabalho.

É fácil identificar os profissionais que acreditaram no meu potencial e aqueles que apenas cruzaram o meu caminho em um evento.

O mercado existe há bastante tempo, mas do início do século XXI até o presente momento está cada vez maior o número de novos profissionais. Bom é saber que há sempre a possibilidade de as pessoas se casarem, de os casais que acreditam na força do amor completarem suas bodas ano após ano e de as jovens festejarem seus 15 anos.

Alguns clientes são mais conservadores e outros se apegam a modismos. Cabe a nós, profissionais, acreditarmos na mudança e investirmos sempre. Como tudo evolui, novas tendências surgirão. Daqui a alguns anos, ou talvez até meses, será necessário acrescentar ideias para a próxima edição deste livro.

Procurei inteirar-me de tudo que envolve o planejamento e a execução de um evento social, mas deixei que cada profissional atuasse em sua especialização. Isto é certo: o conhecimento é o maior investimento. Podemos até perder um espaço aqui, outro ali, mas o conhecimento é adquirido com o aprendizado e ninguém pode tirá-lo de nós. O mercado é concorrente.

Neste livro conto o passo a passo para a organização dos eventos sociais, com ênfase em casamentos, bodas e festas de 15 anos, e demonstro um pouco de minha experiência por meio de casos, vivências e estudos.

Espero que este livro ajude casais e debutantes que estão por vir a concretizarem seus sonhos. Para os futuros profissionais, que este livro seja o verdadeiro manual de todos os seus eventos sociais.

Trabalhar na criação de um evento social é acreditar na seriedade do fazer acontecer. E, por meio de um cerimonialista que lhes transmita confiança nessa data única, esse sonho certamente se transformará em realidade a ser lembrada para sempre.

# Definição de evento social

Sair, passear, comemorar, investir, acreditar, sonhar, trabalhar, vivenciar; todas essas ações são maneiras de tomar parte em um evento. Deve-se entender a palavra evento como um acontecimento que "cria" a necessidade de reunir as pessoas em determinado local, com data e horário preestabelecidos, e, é claro, com um propósito em comum.

Tal propósito pode variar de comemoração, para o contratante; participação, para o convidado; ou até trabalho, para o contratado. Temos disposição de reunir a família e os amigos para aniversário, casamento ou bodas, assim como, no caso de sermos os convidados, sentimos prazer em comparecer para desfrutar um momento de lazer, um reencontro ou mesmo a possibilidade de novas amizades. Para os profissionais, é seu meio de sobrevivência.

Aliás, o organizador pode escolher entre mais de cem tipos de evento, cada um em sua área de interesse: cultural, folclórico, turístico, de lazer, beneficente, político e social (o deste livro).

Algumas pessoas têm a visão do evento social como uma festa, uma grande badalação. Para os cerimonialistas, que durante meses convivem com o cliente detalhando o seu sonho, sabe-se que o evento vai muito além. Somos responsáveis pela escolha do lugar certo, com capacidade para o público previsto, em que o aconchego esteja tanto no conforto dos assentos quanto na decoração e no aroma das flores. O volume adequado do som, a apresentação visual de todos os profissionais, o quente da comida com o gelado da bebida ou, ainda, a temperatura adequada de tudo. Devemos sempre verificar os detalhes, pois fazem a diferença.

Um evento de casamento nada mais é que a união de duas famílias em que o noivo e a noiva programam uma cerimônia civil e religiosa (quando é o caso), seguida de uma festa para oficializarem seu matrimônio. Não podemos esquecer que tudo isso, em geral, acontece pelo amor entre duas pessoas, pela cumplicidade, pela honestidade, pelo companheirismo e pela certeza da construção de uma nova família.

No evento de bodas, os noivos têm uma comemoração específica para renovar os laços matrimoniais a cada ano de casados. Nessa ocasião, conta-se com a presença de filhos, noras, genros, netos e às vezes até bisnetos.

Uma festa de 15 anos acontece quando os pais tornam realidade o sonho da sua filha. Nesse sonho encontramos os belos vestidos, os sapatos altos, a maquiagem, os 14 pares de amigos para dançar a valsa – os quais representam os 14 anos vividos –, o rapaz escolhido para representar os amigos, o bolo, as guloseimas e as novidades de cada ano.

Para cada tipo de evento, uma definição. Para cada cliente, uma satisfação. Para cada profissional, uma realização.

# dois

## O profissional e o mercado de eventos sociais

Quem estiver pensando em trabalhar na área de cerimonial deve procurar um curso de técnico ou tecnólogo em eventos, ou mesmo cursos de graduação que tragam essa disciplina em sua grade curricular, como os de relações públicas, marketing, turismo ou hotelaria. Recomendo ainda os cursos de pós-graduação em eventos, que dão embasamento para quem é de outra área. Uma formação acadêmica contribuirá muito para o sucesso da carreira.

As pessoas confiam seu sonho a nós e investem no trabalho do cerimonialista, sendo essa credibilidade de fundamental importância. Para muitos, o medo dificulta o pontapé inicial; para outros, a garra ou a ambição extrema predominam. É aí que diferenciamos o bom do mau profissional.

O bom profissional não é aquele que "encara" o mercado como uma festa a cada fim de semana. Como já foi dito: festa sim, mas para o cliente e seus convidados; para quem trabalha, nunca.

Aprender é fácil. E continuar a aprender? E estar disposto a recomeçar, a inovar e, principalmente, a criar? O profissional de eventos deve apresentar diversas características: boa comunicação, planejamento, disposição para trabalhar em equipe, noções de etiqueta e comportamento social, educação, espírito de coletividade, capacidade de escutar e ser um bom ouvinte, habilidade para vender uma ideia, cultura, pontualidade, determinação diante de dificuldades e, mais até, abandono de preconceitos ou posicionamentos pessoais.

Além de todos esses aspectos, acredite: a honestidade e a paciência são a base de tudo. Não podem faltar honestidade, como é preciso em tudo na vida, e paciência para ouvir, aceitar e ter vários encontros com o cliente, sempre com a finalidade de concretizar seu sonho. Paciência também é fundamental para lidar com os diversos convidados que desejam um serviço diferenciado. Afinal, eles podem ser o seu futuro cliente.

## 2.1 Como estão os eventos?

É notável o crescimento constante desse segmento e a atuação cada vez mais forte dos profissionais da área. Ao procurarmos uma igreja, um clube ou até uma casa de festas, é comum nos depararmos com uma agenda já preenchida para o ano todo ou quase todo. Tais lugares exigem, na maioria das vezes, pelo menos um ano de antecedência para reservas. Outros chegam a aceitar reservas com antecedência muito maior. Já deixei de atender clientes com dois anos de antecedência por achar prudente não ficar com um dinheiro que não seria utilizado naquele momento. Vivemos em um mercado repleto de novas tendências. Por isso, o que é escolhido hoje até pode perdurar por mais um ano, mas talvez não por mais tempo. E, depois, como fazer o cliente entender que é necessário alterar todo o orçamento se ele trocar alguns itens contratados?

Muita coisa pode acontecer em dois anos por parte dos anfitriões: separação, alteração de data por falta de verba suficiente para concretizar todas as contratações, falecimento, doença, gravidez ou mudança de residência para outro estado ou país. E por que não falar de possíveis imprevistos com os cerimonialistas?

Com isso, corremos o risco de perder o evento para a concorrência, mas uma consciência tranquila é melhor que muito dinheiro no bolso. O cliente que quiser mesmo realizar o evento com você com certeza voltará. É claro que há exceções. Quando nos programamos com antecedência temos melhores condições de escolha, de pagamento e até de conforto. Alguns lugares, por sua localização e estrutura, são mais procurados que outros. Mas tudo é muito pessoal.

As revistas temáticas que divulgam os eventos e os profissionais, tanto os novos quanto os mais atuantes no mercado a cada ano, invadem as bancas com muitas novidades. Nas ruas, pessoas circulam com essas revistas nas mãos à procura de conhecimento, de especialização.

Cada vez mais, pessoas procuram os cursos de especialização em eventos por diferentes razões: outra fonte de renda, nova atividade depois da aposentadoria, paixão pelo setor, abertura de um braço da empresa no setor ou ainda reciclagem de profissionais exigida e paga por empresa.

Outro lugar de destaque para encontrarmos tanto os cerimonialistas quanto os profissionais do setor são feiras e workshops. Isso sem falar de alguns sites, das redes sociais e dos blogs. É a tecnologia também presente nos eventos.

O cerimonialista pode ter trabalho fixo em uma igreja ou clube, ou ainda em uma casa de festas, como pode não ter contrato com nenhum desses lugares e prestar seu serviço no local contratado pelo cliente. Mais uma vez, é preciso reforçar que há sempre espaço para o bom profissional; cabe ao cliente identificá-lo nesse mercado tão sobrecarregado.

# Métodos de trabalho do cerimonialista

O cerimonialista pode trabalhar de dois modos. Na maioria das vezes é o responsável pela organização integral do evento, sendo a ele incumbida a tarefa de reunir os profissionais que trabalharão no evento. Em outros casos, ele apenas cuida do cerimonial, seja religioso (nos casamentos e bodas), seja religioso e festivo, seja somente festivo. É um trabalho mais simples, porém muito mais isolado.

Não importa a situação em que se encontre, cabe ao cerimonialista ser o elo entre todos os profissionais. A princípio, ele deve passar todo o roteiro elaborado com o anfitrião para os demais colegas de trabalho, a fim de que o evento transcorra com naturalidade e de maneira adequada e acolhedora.

Para um bom trabalho de equipe, é preciso que o cerimonialista se integre, ou seja, procure fazer contato com os demais profissionais do evento. No caso de muitos profissionais envolvidos, é normal ocorrer a divergência de opiniões. O importante é acreditar na capacidade profissional de cada um e respeitá-los sempre, fazendo prevalecer a opinião dos anfitriões.

Na organização integral de um evento ou apenas do cerimonial, em ambos os casos é fundamental que o anfitrião se torne o convidado do evento. Ele não deve, em hipótese alguma, controlar, supervisionar ou cuidar de algum detalhe na montagem, no evento nem no pós-evento. A ele cabe decidir tudo, mas apenas na fase de planejamento.

Alguns anfitriões são muito ansiosos e gostam de dar uma "passadinha" no local do evento durante a montagem. Com isso, perde-se muito do encanto, pois a enorme quantidade de *cases*, caixas e fios, entre outros itens espalhados, pode formar uma visão lenta ou ineficiente da organização. Isso sem contar o entra e sai ou sobe e desce dos profissionais envolvidos. Proibir que cheguem ao local para essa "espiadinha" é impossível, mas o horário de entrega do salão arrumado deve ficar claro para não haver conflitos. Para isso, um bom planejamento tranquiliza o cliente.

Com certeza, trabalha-se muito mais à vontade se o cliente chegar apenas uma hora antes do evento para a sessão de fotos. Contudo, para quem segue o estritamente contratado, não há o que temer. Substituam esse "ar de fiscal" do cliente por algo capaz de minimizar a sua ansiedade ou expectativa. Ofereçam um doce, uma trufa. Levem-no para outro ambiente no qual o corre-corre não o deixe mais ansioso. Perguntem sobre sua roupa ou um parente que estava sendo esperado. Acima de tudo: transmitam confiança para o cliente.

## 3.1 Briefing

O briefing é um conjunto de informações que o cliente fornece ao cerimonialista. Em geral, os dados são coletados em uma reunião logo após a escolha do método de trabalho do cerimonialista, e tal escolha possibilitará a elaboração do orçamento. Esse briefing pode ser feito na residência do cliente, no escritório do cerimonialista ou ainda no local escolhido para a realização do evento.

O primeiro passo é perguntar ao cliente o tipo de evento desejado: casamento, bodas ou festa de 15 anos. Em seguida, algumas informações serão essenciais, como: se há local definido, data, horário e lista de convidados. O cerimonialista pode ajudar na escolha do local caso o cliente não tenha referência.

Conhecer os anfitriões é fundamental e isso inclui pais e sogros, no caso de casamentos; filhos, noras e netos, no caso de bodas; e pais, debutante e, se houver, irmãos, quando for uma festa de 15 anos.

Se o cerimonialista for contratado apenas para a cerimônia religiosa, caberá agendar as seguintes providências: ensaio, lista com o nome de quem participará do cortejo, nomes das músicas e contatos de todos os profissionais contratados, inclusive do padre. Esses profissionais são: fotógrafo, cameraman, decorador, motorista, pessoa de contato na igreja e músicos.

Em outras situações o cerimonialista poderá organizar somente o cerimonial da festa, no qual ele será o elo entre todos os que trabalham no local escolhido pelos anfitriões. Caberá a montagem de uma checklist, na qual o gerente do local deverá informar tudo o que o cliente escolheu para o cerimonialista, então, elaborar um roteiro.

Para as ocasiões em que o cerimonialista for contratado para organizar o evento completo, o briefing envolverá um passo a passo mais extenso em que serão marcados vários encontros para o cliente escolher em etapas: sonorização, iluminação, decoração, fotografia e filmagem, alimentos e bebidas, mesas, brindes e material gráfico. Logo após o briefing começam as fases do cerimonial em si.

# Fases do cerimonial social

Todo cerimonial respeita um roteiro, que possa ser social, político, religioso ou universitário. São determinados rituais ricos em detalhes que não podem ser esquecidos e nos quais nenhuma gafe pode ser cometida.

O cerimonial social envolve eventos formais ou solenes, como posses, inaugurações, formaturas, aberturas e encerramentos de congressos, coquetéis e jantares oficiais. Neste livro serão abordados os eventos sociais particulares, mais especificamente três: casamentos, bodas e festas de 15 anos. Nesses três tipos de evento, o cerimonialista deve ser capaz de atuar nas cinco fases a seguir: planejamento ou concepção, montagem, execução, cerimonial e pós-evento.

## 4.1 Planejamento ou concepção do evento

Esta é a fase na qual passamos todas as ideias do cliente para o papel. Orientamos, aconselhamos e muitas vezes ouvimos o mesmo assunto várias vezes. Devemos ser incansáveis, essa é a realidade; afinal, estamos fazendo aquilo de que gostamos e tornando inesquecível um momento único do cliente. Para a montagem desse planejamento muitas vezes são necessários vários encontros, ainda mais se não conhecemos o local de realização do evento.

Vamos acompanhar o passo a passo das providências para um bom planejamento.

### 4.1.1 Escolha da data

É aconselhável que o anfitrião já compareça ao local do evento com duas ou três opções de data, para o caso de a primeira já estar reservada para outro cliente. Caso a data não esteja disponível e seja um fator importante, o dia dos sonhos, em alguns casos a melhor opção é mudar o local do evento.

- Nos casamentos, essa data depende de combinação entre os noivos, com base no mês de preferência ou na data de namoro ou ainda de acordo com a disponibilidade do local da cerimônia religiosa e da festa. Não podemos esquecer que durante a semana fica complicado o comparecimento de alguns convidados em razão do horário do trabalho.

- Nas bodas, a escolha leva em conta a data do casamento, podendo a celebração ocorrer durante a semana ou no fim de semana mais próximo.

- Nas festas de 15 anos, o dia escolhido é a data do próprio aniversário ou no fim de semana mais próximo. Algumas pessoas comemoram no próprio dia, mesmo sendo durante a semana, para aproveitar alguma promoção que não é feita no fim de semana.

Quando são escolhidas datas que caem em feriados, os convidados devem ser avisados da festa com antecedência; afinal, ninguém gostaria de perder esse evento único. A vantagem é que convidados de outros estados ou até países poderão se planejar para comparecer.

Se o evento ocorrer em meses de muito calor ou com tendência a chuvas, deve ser bem planejado para não causar nenhum impacto negativo. O calor excessivo pode comprometer a durabilidade da maquiagem e do cabelo, e as pessoas podem ficar com as roupas suadas. No caso de chuva, se o local não for coberto, toldos e guarda-chuvas especiais devem ser providenciados.

Isso sem falar no horário de verão, em que o dia ainda poderá estar claro (dependendo do que foi agendado no convite para o início do evento) e a iluminação decorativa não terá o mesmo efeito.

### 4.1.2 Lista de convidados

A quantidade de pessoas a serem convidadas deve ser estimada logo no início, para dar continuidade ao restante do planejamento.

- Nos casamentos a lista envolve duas famílias, além dos amigos individuais e comuns, e os colegas de trabalho.

- Nas bodas a lista fica mais fácil se for uma cerimônia mais íntima, pois é só convidar os parentes e amigos mais próximos, sem deixar de incluir padrinhos de casamento, pajens e damas da época. Se for uma cerimônia de médio a grande porte, envolverá também os amigos dos filhos e netos já criados, além dos amigos conquistados ao longo da vida do casal.

- Nas festas de 15 anos, os anfitriões têm como convidados os amigos e alguns pais desses amigos, além de toda a família. Atualmente é muito comum convidar só os amigos da debutante, sem os pais. Isso vai depender do que a família se propõe a fazer.

Elaborar a lista dos convidados é uma tarefa muito difícil, em particular quando os anfitriões desejam convidar até os conhecidos dos conhecidos. Outro impasse é em torno de convidados cujos namorados não sejam conhecidos pelos anfitriões, pois estes acabam sendo intimados a convidá-los. E uma família de que se conhece apenas o casal, mas cujos filhos e sogros moram juntos, por exemplo? É preciso bastante cuidado ao elaborá-la para não magoar ninguém, mas é igualmente importante o bom senso dos convidados, uma vez que todo evento é pago por pessoa.

Muitas vezes os convidados ligam para o cliente ou para o setor de confirmação de presença do evento e solicitam a inclusão de outras pessoas. Eu mesma tive esse impasse no meu casamento. Convidei uma amiga com o marido e seus pais, e a mãe dela ligou perguntando por que eu não havia convidado seus outros filhos. Pedi desculpas e enviei os convites, apesar de não ter a menor intimidade com eles.

A lista deve ser escrita em ordem alfabética para facilitar todo o trabalho do segurança do local, do buffet ou, ainda, dos recepcionistas que estarão na porta principal recebendo os convidados. Em geral o nome que consta é o do convidado que está escrito no convite e ao lado aparece o número de convidados que o acompanham.

#### 4.1.3 Escolha do local para a cerimônia religiosa

A escolha do local para a cerimônia religiosa depende muito da religião dos anfitriões, que podem ser influenciados pela localidade (proximidade com o salão da festa), pela beleza, pelo histórico familiar, pela devoção a determinado santo ou até pelo preço. Hoje sabemos que as cerimônias religiosas na praia, ao ar livre, nos salões dos clubes ou nas casas de festas têm ocorrido com frequência. Independentemente da escolha, aconselho a não realizar cerimônias em um lugar com capacidade para mais de 300 pessoas se os anfitriões têm apenas 150 convidados, por exemplo. Pode parecer que muitas pessoas faltaram. Da mesma maneira, é essencial verificar com o responsável pelo local do evento a disponibilidade de assentos, para que todos fiquem bem acomodados.

Se o local também oferece estacionamento é outra questão que devemos verificar. Deve-se descobrir o número de vagas livres e comparar com sua lista de convidados para verificar se é adequado, caso contrário, precisaremos utilizar outras opções de estacionamento próximas ao evento.

Outro ponto bem pouco pesquisado pelos clientes são os banheiros. É preciso saber se estão em local de fácil acesso e se a quantidade disponível é suficiente. O cerimonialista deve tomar conhecimento dessa informação para orientar quem precise utilizar os sanitários.

Seguem alguns itens e recursos humanos indispensáveis para a cerimônia religiosa, além do cerimonialista e dos recepcionistas: tapete, pétalas, sino, toldo, flores, iluminação, velas, cadeiras dos anfitriões, padre, estacionamento, manobrista, limpeza das escadas (se houver), uma pessoa para abrir a porta da igreja para a noiva, música, decoração, fotografia e filmagem. Para esses itens, às vezes é obrigatório o uso dos fornecedores do próprio local, seja totalmente, seja em parte. Quando for permitido levar um profissional de escolha dos anfitriões, atente para o detalhe de que, se houver mais de um evento no mesmo dia, será inevitável a combinação entre os anfitriões com relação a música e decoração. Se eles não quiserem se preocupar com isso, deverão reservar todos os horários e não apenas o de sua cerimônia.

É vedada a cobrança de taxas extras aos anfitriões após o fechamento do contrato. Não se cobra à parte, por exemplo, taxa para limpar a escada do local, taxa para acender luz decorativa, taxa para gerador de plantão. Quando tais serviços se fizerem indispensáveis, essas taxas já constarão do contrato no ato do fechamento do aluguel do espaço. Esse detalhamento prévio evita mal-entendidos até o dia do evento.

É primordial a liberdade de escolher quem celebrará a cerimônia. A identificação dos anfitriões com essa pessoa é fundamental, pois suas palavras ficarão para sempre em seus corações. Espera-se que ela passe emoção e traga um diferencial a cada evento, por isso os anfitriões deverão marcar uma entrevista para conhecê-la melhor antes da cerimônia.

Vale verificar também se há algum tipo de penalidade com relação a atrasos, afinal não é justo a cerimônia marcada para as 20 horas atrasar uma hora ou mais em razão de atrasos dos anteriores.

Sobre músicas da igreja, devemos perguntar no ato do contrato se há restrições, para evitar surpresas às vésperas do evento.

Resumindo: o horário, a proximidade ao local da festa e a capacidade de convidados são a base para que tudo saia a contento.

#### 4.1.4 Aluguel de carro

É necessário alugar carro para os três tipos de eventos?

- As noivas alugam ou aceitam um carro emprestado de algum parente ou amigo que tenha um bonito carro para fotos. Lembre-se: tão importante quanto o carro é quem vai dirigi-lo. Seria o padrinho do casamento? Nunca. É necessário que seja uma pessoa neutra, que não faça parte do cortejo. O motorista deve vestir terno ou um uniforme que represente a empresa. Limousines chegam a ser contratadas para alguns casamentos, dependendo do poder aquisitivo dos anfitriões. São lindas, luxuosas e marcam a emoção desse dia. No carro da noiva, quem a acompanha é seu pai. Crianças podem deixar a noiva muito ansiosa com tantas perguntas e encantamentos.

- No caso de bodas, o casal pode ir com os filhos ou alugar um carro para que o "noivo" não tenha a preocupação de dirigir nesse dia.

- Para as festas de 15 anos, normalmente a debutante vem no carro dos pais ou eles contratam um motorista para dirigir o carro da família. Nada impede que também seja alugado um carro, mas não é preciso.

### 4.1.5 Conciliação entre capacidade, local e data

Na escolha do local é fundamental observar o número de convidados, o espaço oferecido e a disponibilidade de data. Todo local tem uma planta e as diferentes formatações de mesa comportadas. Com base nisso, os anfitriões saberão se o local escolhido tem capacidade para o seu evento.

No local devem ser observados os seguintes aspectos: conforto e requinte, refrigeração, dimensões, banheiros, copa, cozinha, rampas de acesso, saídas de emergência, extintores de incêndio, elevadores, salas de apoio, camarins, equipes de manutenção e limpeza local, estacionamento, manobristas, seguranças e fácil acesso aos convidados.

Ninguém consegue mais ficar em um ambiente sem ar-condicionado. Se o evento for ao ar livre, recomenda-se escolher uma época de temperatura agradável. É importante lembrar as estações do ano e os períodos de chuva intensa na cidade em que ocorrerá o evento.

Não podemos deixar de olhar a quantidade e o estado dos banheiros, informações imprescindíveis no planejamento. Para cada cem pessoas calculam-se pelo menos três boxes no banheiro. Deve haver gente escalada para limpá-los durante o evento, além dos funcionários da limpeza de plantão para o salão, copa e cozinha. Outras equipes que não podem ficar de fora são a de manutenção e a de eletricidade, pois qualquer evento pode estar sujeito a falta de água e a queda de uma fase de luz.

A copa e a cozinha precisam ser limpas e espaçosas, como precisam oferecer condições para a equipe do buffet trabalhar. É fundamental que elas sejam equipadas com forno, fogão, pias, bancadas, freezer e geladeira. Qual é o momento apropriado para a equipe chegar e fazer a montagem? O ideal é que seja pela manhã se o evento for à noite. Se o evento for pela manhã, que seja montado de véspera.

Poucas pessoas pensam em questões de segurança, como rampas de acesso, saídas de emergência e extintores de incêndio com validade. Acrescento também os elevadores, já que podemos receber convidados com deficiência física, gestantes e idosos.

De acordo com a programação do evento, é importante que o local forneça salas de apoio para depósito e armazenamento de equipamentos, além de camarins para debutantes e noivos.

O estacionamento é um diferencial, principalmente se for acompanhado de manobristas. Às vezes esse serviço é pago à parte, mas vale a pena não deixar seus convidados terem esse gasto. Em média, precisamos de um carro por família. A lista pode ter trezentos convidados, mas é preciso saber a quantidade de famílias para que o número de vagas seja compatível. Se o local não comportar tantos convidados mas, ainda assim, for o lugar dos sonhos do anfitrião, ele não deixará de reservar o salão. Uma solução seria providenciar outros estacionamentos nas redondezas, com manobristas. Se a previsão for que os convidados cheguem ao mesmo tempo, é necessário ter pelo menos seis manobristas para cada cem pessoas.

Todo evento requer seguranças. De acordo com a quantidade de pessoas e com o tamanho do local do evento, precisaremos de seguranças no estacionamento, na recepção, no salão ou nos salões do evento, na pista de dança, e algumas vezes até de um segurança particular. Para um evento de cem pessoas, deve-se calcular pelo menos quatro seguranças.

É interessante pensar em tudo isso na hora de escolher o local, e não apenas na beleza e no preço.

#### 4.1.6 Escolha de horário

Tão logo seja definido o número de pessoas a convidar – entre amigos, familiares e autoridades – e o local, fica fácil escolher o horário que melhor combinará com o evento. Para uma festa de 15 anos, é ideal que se inicie entre 20 horas e 22 horas, precedida, algumas vezes, por cerimônia religiosa.

Festas de casamentos e bodas costumam ter início em torno do mesmo horário. Deve se avaliar quais são os horários disponíveis para verificar se coincidem com o que os noivos desejam, e estes não precisem se adaptar.

Horários diurnos também são procurados, levando o casal a oferecer um brunch ou um almoço após a cerimônia religiosa. É importante não colocar um horário muito cedo caso o evento seja pela manhã, pois assim as pessoas podem se maquiar e se pentear em tempo de não perder a cerimônia. Quando planejado para entre 10 horas e 11 horas, é perfeito.

Outro fator que deve ser levado em consideração são os eventos realizados no meio da semana. Essas datas oferecem aos anfitriões um desconto no valor total do evento, fator que é muito atrativo. Alguns convidados, porém, acham inconveniente para quem trabalha no dia seguinte. Nesse caso, é recomendável planejar um horário que não coincida com o de maior movimento nas ruas, causado por saída do trabalho. O cerimonialista pode sugerir, então, o horário das 20 horas.

O horário deve ser muito bem especificado no contrato, para evitar surpresas. No caso de salões ou clubes, é aconselhável verificar a possibilidade de pagamento de hora extra. Um evento dura, em média, quatro a seis horas. Se o cliente quiser mais uma hora, é possível? Alguns locais não permitem estender o horário mesmo que o anfitrião se disponha a pagar.

Caso coincida com o início do horário de verão, o evento deve transcorrer normalmente; apenas ao seu término é que se altera o relógio.

#### 4.1.7 Conferência do calendário anual da cidade

Quando marcamos eventos sociais como esses, próximo a feriados nacionais, corremos o risco de alguns convidados viajarem e não comparecerem. Portanto, cabe ao anfitrião decidir a melhor data para comemorar. O conforto é tanto para ele próprio quanto para os seus convidados.

Outros empecilhos podem ser os grandes eventos nas redondezas do local escolhido pelo cliente, que podem causar interdição de ruas e enormes engarrafamentos.

### 4.1.8 Criação e elaboração do roteiro

Nesta fase determinamos todas as etapas do roteiro do evento. Cabe ao bom profissional colocar tudo por escrito em detalhes para não haver problemas nem dúvidas no futuro. Esse roteiro facilita muito o trabalho do cerimonialista e de toda a equipe, em particular dos recepcionistas, que fará parte da montagem do evento.

É um guia de consulta que faz o elo entre todos os profissionais. Nele constam os sonhos do cliente e o modo de concretizá-los.

| Modelo |
|---|
| Número de convidados |
| Cor usada no evento |
| Telefone de contato de cada profissional que trabalhará no evento |
| Horário da cerimônia religiosa |
| Horário no convite |
| Horário de início e término da festa |
| Horário das fotografias |
| Listagem das fotos de pose |
| Formato dos cumprimentos |
| Horário de início do serviço de buffet |
| Horário do jantar |
| Horário do cerimonial |
| Horário de abertura da pista de dança |
| Escolha dos brindes |
| Horário para distribuição de brindes e sandálias na pista de dança |
| Escolha das lembranças |
| Horário para distribuição das lembranças |

| Modelo |
| --- |
| Itens da decoração floral |
| Itens do mobiliário |
| Mesas reservadas |
| Localização das mesas principais |
| Quantidade de doces |
| Quantidade de trufas |
| Quantidade de bem-casados |
| Responsável por levar os presentes |
| Responsável pelas sobras do evento |

Além desses, acrescentar para os casamentos:

| Horário de jogar o buquê |
| --- |
| Horário de retirar a cauda e o véu |

E acrescentar para as festas de 15 anos:

| Horário da troca de roupa |
| --- |

#### 4.1.9 Definição de cores, flores e móveis

Pode parecer difícil para a debutante ou a noiva escolher a cor usada no evento, mas o leque de opções e a modernidade ajudam na escolha. Não é mais primordial o uso tradicional do branco para as noivas nem do rosa e lilás para as debutantes. Até mesmo nas festas de bodas o tradicional prata ou dourado típico das bodas de prata e ouro já não são mais exclusivos.

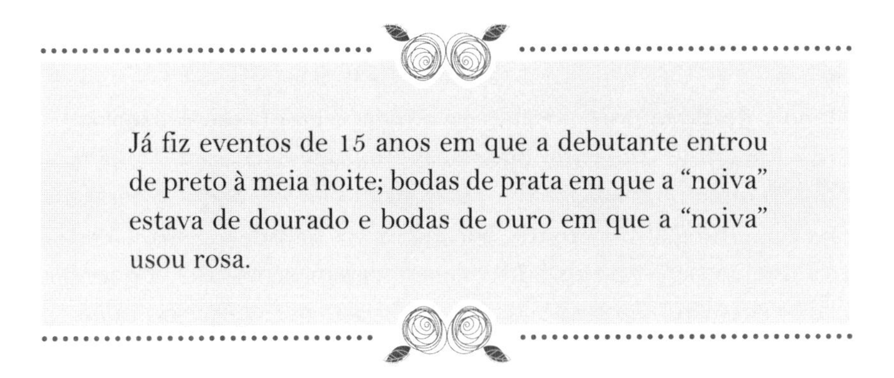

Já fiz eventos de 15 anos em que a debutante entrou de preto à meia noite; bodas de prata em que a "noiva" estava de dourado e bodas de ouro em que a "noiva" usou rosa.

A cor escolhida vai constar em todos os detalhes do evento: nas roupas da anfitriã, nos laços e tecidos das lembranças, nos acabamentos e, especialmente, nas flores escolhidas para a decoração.

Hoje em dia, os móveis são mais um item essencial na contratação dos serviços. Eles dividem ambientes, compõem o cenário de festas de 15 anos, formatam um bar e também servem para belíssimas fotos. Sem contar que os "fantasminhas", como eram chamadas as capas que se colocavam sobre os assentos, cederam lugar às belíssimas cadeiras.

Quanto às flores, além de nos preocuparmos com as cores para o glamour do ambiente, não podemos deixar de utilizar sempre as mais nobres, entre as quais rosas, gérberas, lírios, copos-de-leite e lisiantos. É claro que o valor a pagar vai depender do gosto do cliente e da disponibilidade financeira de cada um. Os arranjos devem variar conforme as dimensões do local escolhido, pois o tamanho também faz diferença. As peças e a quantidade utilizada devem ser vistas de acordo com cada local, mas um excelente decorador torna o seu evento ainda mais especial.

Tire uma foto com o salão todo arrumado, faltando apenas as flores. Depois tire outra foto com as flores e compare. O perfume das flores é mágico, assim como quem dá o toque nelas. É dom; é sabedoria.

#### 4.1.10 Locais a serem decorados

Depois de definido o local e escolhida a empresa de decoração, é o momento de decidir onde serão usadas as flores. Na igreja, por exemplo: entrada, toldo, nave, altar, bancos, buquês, pétalas e lapelas. No local do evento, por exemplo: hall de acesso, escadas, toaletes, mesas de convidados, mesas principais (bolo, doces, jantar, frios, chocolates, recepção), palco, homenagens, laterais do salão ou algo a mais, como paisagismos.

Tudo deve estar em harmonia com as cores, com o ambiente, com o pé-direito do salão, com o gosto do cliente e com as bases que sustentarão toda a beleza e o perfume das flores.

#### 4.1.11 Escolha de traje adequado ao evento

O horário estipulado para a realização do evento determinará o traje adequado, que poderá ser: esporte, passeio, social ou gala. Esporte se o evento for durante o dia, com churrasco ou almoço simples. Nesse caso as mulheres, podem usar vestidos mais leves e curtos, e os homens, blusas de meia-manga e calça que não seja de tecido fino. No traje passeio já fica implícito aos homens blazer sem gravata e às mulheres, terninhos ou tailleur. No caso dos eventos que estamos detalhando, o social é bem indicado porque exige terno para os homens e longuete para as mulheres. Há também os eventos mais completos, com total requinte, em que se exige o traje gala ou rigor dos convidados. Em eventos como esses, indica-se longo para as mulheres e smoking, meio-fraque ou fraque para os homens, entre outros. Em todas as ocasiões a mulher deve usar maquiagem, perfume, bolsas e sapatos delicados, e poucos acessórios. O homem, por sua vez, não deve esquecer-se da barba feita, das unhas limpas e de um perfume especial.

O traje deve constar no convite para padronizar o evento e deixá-lo ao gosto do anfitrião. Não é para inibir o convidado e sim para situá-lo no universo do evento. Ir bem vestido é obrigação de cada convidado, porém errar é constrangedor para ambos os lados. Hoje em dia, com as lojas de aluguel de roupas e a internet, fica fácil para o convidado manter-se informado sobre como vestir-se adequadamente.

Do mesmo modo, a parceria com lojas de aluguel é interessante. A noiva pode conseguir bonificações para a mãe, a sogra ou até para ela própria. Nas festas de 15 anos, a aniversariante pode ganhar algum brinde. A euforia de todos irem juntos experimentar a roupa é uma curtição, em especial para adolescentes, damas e pajens.

Caso a festa conte com os 14 pares de amigos na hora da valsa, a escolha da cor e das roupas dos casais das festas de 15 anos fica por conta da aniversariante, podendo a família anfitriã arcar com todas as despesas ou não. A escolha das roupas das damas e dos pajens de casamento, além de seguir a cor usada na festa, às vezes acompanha o estilo do vestido da noiva e da roupa do noivo. Algumas noivas não se preocupam com tantos detalhes e deixam a decisão sobre a roupa por conta da mãe das crianças. Aliás, antes de pensar na escolha de roupas das crianças, sugiro escolher também as crianças pelo critério de idade, para que de fato elas não diminuam o brilho da noiva se recusando a entrar na igreja na hora do cortejo. Para isso, um ensaio é fundamental. Pode até acontecer de fazerem bonito no ensaio e no dia não entrarem, mas fizemos a nossa parte no pré-evento.

Quando se trata de madrinhas de casamento, recomenda-se não usar a cor preta no altar por lembrar o luto. Não é interessante repetir as cores, a menos se for um degradê. Lembramos que a mãe da noiva escolhe a cor em primeiro lugar, seguida da mãe do noivo. Algumas noivas deixam isso a critério das madrinhas e pedem apenas que o vestido seja longo ou longuete.

Os padrinhos devem seguir o estilo do noivo, mas nunca completamente igual. O meio-fraque é muito usado, mas a gravata do noivo deve ser sempre diferente. Sugerimos ainda a angélica na lapela ou o lenço, em vez da flor artificial dos aluguéis.

### 4.1.12 Contratação de profissionais

É na fase de concepção que se deve entrar em contato com todas as pessoas encarregadas de prestar os serviços para a realização do evento. É necessário verificar a relação custo-benefício, aliada, é claro, à qualidade e à excelência. Nem sempre os melhores preços significam a melhor qualidade. A internet pode ajudar, mas comprovar a prestação da qualidade pessoalmente é melhor que qualquer propaganda.

O cerimonialista tem um papel importante nessa hora ao apresentar toda sua equipe para o cliente. Outro fator é que ele é responsável por toda a equipe. Para que tudo fique claro para ambas as partes, é fundamental o preenchimento de um contrato (Anexos I e II). O cerimonialista pode assinar por todos ou fazer um contrato individual com cada prestador de serviços.

Como já foi citado, trabalhar com a própria equipe dá mais segurança e faz parecer que o evento transcorre com mais serenidade. Quando são outros profissionais, temos que nos adaptar a eles, e vice-versa, na formação de uma equipe única.

### 4.1.13 Convites

Escolher um convite é difícil, pois costuma ser o primeiro contato dos convidados com o evento; para algumas pessoas, inclusive, é um marco da festa. Um convite muito simples pode passar a ideia de que será apenas uma festinha; um muito luxuoso e repleto de detalhes pode pressupor um evento e tanto. Para outras pessoas é um dinheiro empregado que logo depois será jogado no lixo.

Se pensarmos assim, veremos que as flores depois do evento, as forminhas dos doces e até algumas lembranças vão para o lixo. Mesmo assim, ninguém deixa de encomendar as mais lindas flores, os mais saborosos doces e as melhores lembranças. O que importa é o valor que o anfitrião dá ao seu convite e não o que as pessoas farão com eles.

As cores e os modelos são variados. Existem alguns com foto, alguns com caricaturas, uns com laço de fita na cor usada no evento e outros com monogramas. Os anfitriões devem escolher os convites juntos.

Nos casamentos, quando os noivos não moram juntos, quem convida são os pais. Se já moram juntos, eles podem convidar com a bênção dos pais. Quando os pais são falecidos, os nomes aparecem e não é preciso estar escrito "in memoriam", pode ser apenas "sempre presente". Para os casos de pais vivos, mas separados, com madrastas e padrastos presentes, pode aparecer o nome de todos. Nas bodas, quem convida são os filhos, noras e genros, além dos netos e bisnetos quando for o caso. Nas festas de 15 anos quem convida são os pais e os irmãos, se a aniversariante não for filha única.

Existe também o convite individual, que pode ser por código de barras, com número da mesa, nominal ou simples. É um controle para o buffet e para o cerimonial do evento, outro modo de inibir as pessoas a levar convidados extras. É preciso providenciar listas de presença, com várias cópias, que devem ficar na portaria com seguranças e recepcionistas.

Outros itens que a gráfica pode oferecer são: o mapa do local do evento, se o local for de difícil acesso ou se o evento acontecer em outro município; o cartão oferecendo a futura residência do casal; os cartões de souvenirs; o cartão com as informações sobre depósitos ou cotas de lua de mel; os cartões de lista de presentes (que considero de mau gosto quando presos no convite principal); e ainda o cardápio, incluindo tudo o que será servido no evento.

A sigla rsvp (répondez s'il vous plaît), que continua sendo muito usada, pode ser naturalmente substituída por: favor confirmar sua presença até o dia tal, no seguinte telefone ou por e-mail. Afinal, estamos no Brasil e não na França. Essa data de confirmação deve ser estipulada para até quinze dias de antecedência ao evento e o telefone ou e-mail devem ser do cerimonial, nunca dos anfitriões.

Aconselhamos avisar aos pais e padrinhos que não precisam telefonar; é relevante que na lista de presença conste os nomes deles em cores diferenciadas. Já liguei para vários padrinhos que acabaram rindo e se perguntando: se são padrinhos, é mesmo preciso ligar?

Para que o rsvp funcione, o cerimonial tem de trabalhar no atendimento receptivo e no ativo, ligando para quem não tiver confirmado. Essa é uma tarefa importante para ter noção da quantidade de pessoas que comparecerão, mas não quer dizer que será absolutamente correto uma vez que imprevistos acontecem e alguém pode faltar mesmo tendo confirmado presença.

Para esse trabalho do cerimonial, o anfitrião precisa encaminhar uma lista em ordem alfabética com o nome dos convidados principais, para quem foram subscritos os convites, e, ao lado, o número de pessoas que os acompanharão. Quando alguém confirmar um número além do previsto, deve-se perguntar ao anfitrião e, só então, permitir ou não. Na maioria das vezes que isso acontece, o anfitrião já sabe e se esqueceu de nos comunicar que deu mais convites para alguém.

Há ainda aqueles que nunca sabem a data, o local, o horário ou a que evento o cerimonial está se referindo quando telefonamos. Há também os que, mesmo na semana do evento, continuam sem saber se comparecerão. Apesar de muito difícil, é recomendável que esse contato telefônico seja feito. Para esse serviço é cobrado um valor à parte, que pode ser diferenciado se a maioria dos telefones for celular.

#### 4.1.13.1 Envio de convites e convites especiais

Para os eventos sociais de que estamos tratando neste livro, cerca de trinta a quarenta dias que antecedem o evento é o prazo ideal para a entrega de convites e de convites especiais. A entrega dos convites é feita, em geral, entre amigos, parentes e colegas de trabalho.

Já o envio de convites especiais é para convidados como padrinhos, damas e pajens, para casamento e bodas; e 14 pares de amigos, para festa de 15 anos. A diferença é que estes, antes de receberem o convite oficial, são informados com antecedência de até um ano de que farão parte do cerimonial.

Com relação aos padrinhos de casamento, dama e pajem, a antecedência é importante para o agendamento, para a compra do presente especial, para a confecção de roupas e sapatos, e para o horário no cabeleireiro. Boa parte dessas pessoas já é convidada desde o noivado.

O mesmo procedimento pode ser adotado para as bodas caso o casal ainda mantenha o vínculo.

Quanto às damas que farão parte dos 14 pares de amigos (hoje raro), a antecedência é relevante em razão dos gastos que cada dama terá. Como já mencionado, a mãe da debutante poderá arcar com a despesa de cada casal de amigos, mas sabemos que nem sempre isso ocorre. Assim, a antecedência é necessária para que cada família se prepare para os gastos com aluguel de roupa, sapato, maquiagem e cabelo.

Um recurso que pode ajudar nessa fase do planejamento é o *save the date*, um meio de divulgar o evento antes da entrega oficial do convite. Pode ser feito um com seis meses de antecedência e outro três meses antes, pedindo que os convidados já se organizem e coloquem a data na agenda. Funciona muito bem para convidados de outros estados ou países; nesse caso, aliás, o convidado não tem a obrigação de responder confirmando presença.

#### 4.1.13.2 Convites e calígrafo

Os convites, depois de encomendados na gráfica, devem ser subscritos. Algumas pessoas optam pelo calígrafo, que tem um diferencial enorme com relação às letras dos computadores. Devemos atentar para o tempo que a gráfica levará para entregá-los, de modo a serem distribuídos aos convidados com pelo menos trinta dias de antecedência à data do evento. Não podemos nos esquecer de verificar também o tempo necessário para o calígrafo escrever em todos os envelopes. Depois que os envelopes são devolvidos, os anfitriões necessitarão de um tempo extra para anexar o convite formal, os convites individuais e lacrar.

O endereçamento costuma ser feito assim:

- À amiga... (se ela for solteira e você não convidar a família)
- Ao amigo... (se ele for solteiro e você não convidar a família)
- À amiga... e família (se ela for solteira e você convidar a família)
- Ao amigo... e família (se ele for solteiro e você convidar a família)
- Aos amigos.... e .... (amigos que moram na mesma casa)
- Para os casais homossexuais utilize o nome dos dois: ..... e ......

- Sr. e Sr.ª Marcos Esteves e família (endereçado ao Marcos, à esposa e à família que reside na mesma casa)

- Aos padrinhos de casamento... (endereçado ao casal de padrinhos sem a família deles)

- Aos padrinhos de casamento... e família (endereçado ao casal de padrinhos e à família que reside na mesma casa)

- À senhora... (convite enviado para uma mulher acima dos 30 anos e solteira, separada ou viúva)

- Ao senhor... (convite enviado para um homem acima dos 30 anos e solteiro, separado ou viúvo)

- À senhora... e família (convite enviado para uma mulher acima dos 30 anos, sem marido, e para sua família)

- Ao senhor... (convite enviado para um homem acima dos 30 anos, sem esposa, e para sua família)

Há ainda os casos especiais em que se trata de autoridades. Atente para as formas de tratamento corretas.

#### 4.1.14 Listas de presentes

As listas de presentes podem e devem ser feitas por uma questão de comodidade, para que o convidado não precise carregar presentes para o local.

- Nos casamentos, essa comodidade serve também para que os pais dos noivos não tenham de carregar embrulhos após a festa. Os noivos devem escolher itens de que realmente precisem e que combinem com toda a decoração da casa.

- Nas bodas, essas mesmas listas podem ser providenciadas.

- Nas festas de 15 anos, essa lista pode ser preparada nas lojas de roupas, joias, perfumes, importadoras e eletrônicos preferidas da debutante.

Não deve haver exageros, ou seja, presentes com valor muito alto. Esse tipo de presente quem quer dar já oferece. Outro fator importante é não anexar ao convite o cartãozinho em que constam os endereços das listas de presentes. Ele deve estar na bolsa no momento da entrega do convite principal para o caso de os convidados perguntarem. Nesse momento, então, o casal ou a debutante pode dizer os nomes das lojas ou entregar os referidos cartões.

Hoje existem outros meios de presentear os noivos. Criam-se sites que apresentam fotos do casal, momentos vividos até o noivado e colocam-se informações sobre o evento e como presenteá-los. Uma dessas maneiras são as cotas de lua de mel, em que uma agência de viagens faz o pacote para os noivos e os convidados dão quantias que paguem as passagens, os passeios, as diárias, as refeições, os traslados, entre outros.

Já organizei casamentos e bodas em que o casal pedia alimentos não perecíveis para serem doados a orfanatos. Nesses casos, o representante do orfanato é convidado e leva os mantimentos ao término do evento.

Há mais uma opção: as cotas em dinheiro, mais úteis a casais que se mudam para outro estado ou país, casais que já moram juntos e têm a casa montada, casais que preferem fazer doações. Enfim, é uma opção. Os noivos abrem uma conta e passam essa informação ao cerimonialista, que na hora da confirmação de presença se encarrega de informar os dados bancários. Não é necessário um código identificador, para evitar o constrangimento de expor o valor dado.

#### 4.1.15 Cardápio e tipos de serviços

Buffets, clubes, casas de festa e hotéis oferecem diversos tipos de cardápios, os quais devem ser predefinidos com os anfitriões. Aconselhamos sempre a degustação. Às vezes o que é recomendado por um amigo ou parente como muito saboroso, para os anfitriões não tem o mesmo sabor. É importante que o cerimonialista saiba o cardápio escolhido, para fazer a checklist na montagem do evento.

Os diferentes tipos de serviço são:

- À francesa – o garçom se posiciona ao lado dos anfitriões e dos convidados e estes retiram a comida da bandeja para seu o prato. Esse serviço demanda um garçom para cada seis pessoas.
  Vantagem: serviço muito elegante e formal.
  Desvantagem: serviço lento, requer bastante treinamento dos garçons.

- À inglesa indireto – o garçom se posiciona ao lado dos anfitriões e de cada convidado com o auxílio de um carrinho e monta o prato deles. Sugerimos um garçom para cada dez pessoas.
  Vantagem: serviço diferenciado.
  Desvantagem: pouco utilizado nos eventos sociais para muitos convidados, pois requer muito espaço entre as mesas.

- Minirrefeições – substituem os jantares mais formais ou almoços, em que se parava a música do evento e se esperava os convidados se sentarem para serem servidos. Um garçom para cada vinte pessoas atende bem.

Vantagem: variedade e rapidez no serviço.
Desvantagem: muita louça para ser utilizada.

- Empratado – os pratos já vêm montados da cozinha direto para os anfitriões e convidados. Cerca de um garçom para atender vinte convidados é o recomendado.
Vantagem: o chef pode mostrar sua arte na gastronomia.
Desvantagem: talvez seja necessário alterar o repertório musical para fazer com que os convidados se sentem e o serviço tenha mais qualidade.

- À inglesa direto – o garçom serve os anfitriões e os convidados, da bandeja direto para o prato deles. Nesse serviço um garçom para cada duas mesas é o ideal.
Vantagem: rapidez e qualidade no serviço.
Desvantagem: se os convidados não estiverem sentados nesse momento, perderão a refeição.

- Coquetel – serviço volante sem refeição. Um garçom é o suficiente para cada trinta pessoas.
Vantagem: menor custo.
Desvantagem: dependendo do horário do evento, apenas canapés e salgados podem deixar os convidados com fome.

- À americana – organizado em uma mesa de buffet que fica aberta a noite toda e em mais de um ponto do salão. Os garçons fazem a reposição dos pratos durante todo o evento. Nesse tipo de serviço, no momento do jantar, alguns garçons continuam servindo bebida, outros servem coquetel e pelo menos cinco garçons (a cada cem pessoas) ajudam na reposição.
Vantagem: o convidado se serve quando e quantas vezes desejar.
Desvantagem: pessoas idosas não costumam gostar desse serviço por terem de enfrentar fila.

As bebidas são itens tão importantes quanto a comida e devem ser pré-escolhidas. Alguns cardápios não incluem bebidas, como vinho, prosecco, champanhe e uísque; cabe aos anfitriões levá-los. Outros aceitam que o cliente leve, mas cobram taxa de rolha* para servir aos convidados.

Delimitar bebida alcoólica para algumas mesas é constrangedor, quase sinônimo de discriminação entre os convidados. Menores de 18 anos não podem beber, mas é preciso cautela em razão de ser comum o uso de open bar.

Combinar o vinho certo com o tipo de comida que será servida no jantar ou almoço também é fundamental. Peça ajuda a um sommelier ou ao gerente de alimentos e bebidas do local.

#### 4.1.16 Equipe de segurança

Essa equipe é indispensável e faz a diferença no evento, pois a presença dos seguranças impõe respeito, ajuda na recepção dos convidados e impede brigas. A empresa contratada deverá garantir tranquilidade ao evento e pode dispor de uma sala de apoio equipada com uma central de câmeras. A quantidade de seguranças varia de acordo com o número de convidados e o tamanho do local escolhido, bem como o número de salas ou salões. Como já foi mencionado, para um evento de cem pessoas, são necessários pelo menos quatro seguranças.

#### 4.1.17 Sonorização, iluminação e tela

Esses serviços são essenciais para o sucesso do evento. O repertório da festa deve ser escolhido previamente e as músicas que os anfitriões

* Taxa paga pelo anfitrião ao buffet por garrafa consumida.

mais gostam devem ser anotadas junto com aquelas que não podem ser tocadas. Um bom som e um bom DJ animam a festa do começo ao fim.

Tive muitos bons DJs ao meu lado nos cerimoniais: música na hora certa, volume adequado e equalização perfeita. A equipe deve conhecer o local antes para dar o orçamento de acordo com a necessidade de sonorização e iluminação.

#### 4.1.18 Efeitos especiais

As luzes com efeitos especiais tornam o dia singular em vários momentos da festa. É um diferencial para a fase do evento e também para fotos e filmagem se o cliente optar por incluir tal serviço. Na venda, devemos utilizar imagens para mostrar ao cliente como tudo funciona e encantá-lo.

O profissional deve lembrar-se de averiguar todas as instalações elétricas do local.

#### 4.1.19 Fotografia

Cada equipe de fotografia oferece um tipo de serviço que vai desde o *making of* até as fotos externas pós-evento. Essas fotos podem ser tradicionais (uma por página) ou podem vir em álbum com fotomontagem, fotorreportagem e fotos preto e branco. Ao cliente é oferecido um CD com todas as fotos ou a impressão de todas para a escolha posterior daquelas que formarão o álbum. A cor da encadernação e o tipo de capa são decididos pelo cliente. Devemos sempre falar para os clientes não economizarem no que ficará para sempre impresso, e que vai além nas emoções.

É importante lembrar que o cerimonialista deve sempre ter sua lista de fornecedores atualizada e saber que, ao indicar um profissional, ele se responsabilizará pela excelência do trabalho fornecido.

### 4.1.20 Filmagem e vídeos

Noivos, casais de bodas e debutantes gostam de exibir vídeos em diferentes horários do evento, como na abertura, durante o jantar, minutos antes do cerimonial, durante o cerimonial ou durante toda a festa.

O cerimonial precisa ser informado no caso de haver exibição de vídeos, para saber em que momento serão passados e sua duração. Todos os profissionais devem estar a par caso se decida exibi-los (em particular os da equipe de som), pois talvez tenham de interromper a animação da pista de dança momentaneamente para colocar o áudio do vídeo. Além de vídeos dos anfitriões, podemos passar vários clipes musicais que animarão a festa.

Para a filmagem, a quantidade de câmeras utilizadas vai variar de acordo com o local do evento e com a programação prevista. Se o cliente puder pagar pelo menos duas câmeras, a edição ficará muito melhor porque registrará as emoções de diferentes ângulos. As câmeras digitais estão acompanhando a evolução da tecnologia e os profissionais devem fazer o mesmo, para fidelizar o seu nicho de mercado.

- Recomenda-se, em um casamento, a contratação de pelo menos duas câmeras para que, enquanto o casal não estiver junto no altar, uma fique sempre com a imagem do noivo e a outra, com a imagem da noiva. Depois que eles estiverem juntos, sugere-se que uma foque o casal e a outra, os convidados. Um excelente momento com a imagem é quando o noivo está vendo a entrada da noiva. Se houver apenas uma câmera, a noiva nunca verá de perto (no vídeo) como estava o semblante do noivo.

- Para as bodas a recomendação seria a mesma. Afinal, a anfitriã sempre entra com filhos, netos ou genros, enquanto o marido entra primeiro.

- Nas festas de 15 anos também é recomendável mais de uma câmera. Uma câmera registrará a debutante desfilando e a outra, a emoção dos pais ao vê-la.

Fotos ou filmagem externas devem ser marcadas com antecedência e o local precisa ser definido previamente. O *making of* pode ser da noiva ou do noivo se arrumando no hotel, da debutante e seus preparativos no salão ou, ainda, da montagem da festa por toda a equipe. Tudo é muito significativo!

A edição ao vivo é outro serviço interessante. Os melhores momentos da cerimônia religiosa ou da festa podem ser projetados no telão. Ao término do evento, os anfitriões já levam o DVD pronto.

#### 4.1.21 Bolo, doces e guloseimas

Esta é a parte mais esperada por muitos convidados. A quantidade de doces calculada gira em torno de cinco a dez por pessoa. Existem os tipos de doces comuns, fondados, caramelados, caseiros, de compota, de confeitaria ou até para comer de colherzinha. O ideal é oferecer variedade, pois, além de enfeitar e dar um colorido à mesa dos doces, agrada ao paladar dos convidados.

As deliciosas trufas ou a mesa de guloseimas reforçam a beleza dessas calorias.

Os bolos podem ser feitos em vários formatos, com diversos tipos de recheio, decoração externa, tipo de armação e arranjo no topo. Muitos estão optando pelo topo de bolo personalizado.

É comum que todos os doces e chocolates fiquem expostos para os convidados se servirem. Logo, é importante que a mesa esteja colocada em um local de fácil acesso ou que os doces e chocolates sejam distribuídos em diferentes pontos do salão. Sugerimos que o garçom também sirva os doces à mesa, pois, assim, pessoas idosas ou com dificuldades de locomoção não serão prejudicadas.

Torno a ressaltar a importância na recomendação do profissional, pelo cerimonialista, ao anfitrião.

### 4.1.22 Serviços estéticos

Os anfitriões devem agendar, com antecedência, todos os profissionais responsáveis pela estética, de preferência logo que marcarem a data do evento. Esses profissionais poderão atender em um salão ou uma empresa, poderão ir à residência ou a um hotel. É necessário combinar o horário para não haver atraso. Seis horas de antecedência é o ideal para que o cabelo e a maquiagem fiquem caprichados. A quantidade de pessoas que serão atendidas nesse dia é igualmente relevante. O anfitrião precisa ter cuidado para que parentes não sobrecarreguem a agenda do profissional e comprometam sua preparação.

- Na ocasião do casamento, sugere-se que a noiva fique sozinha ou, no máximo, com mais uma pessoa para acompanhá-la, podendo ser a mãe, uma irmã ou uma das madrinhas.

- Para as bodas, o profissional deve ficar apenas com a "noiva", as filhas e noras, desde que a quantidade não ultrapasse três pessoas.

- Quando se trata de festas de 15 anos, o ideal é um profissional apenas para a debutante, mãe e, se ela tiver, irmã.

## 4.2 Montagem do evento

A segunda fase do evento é chamada de pré-evento, em que todas as ideias e todo o planejamento começam a ser executados. Nessa fase é imprescindível a disciplina com relação a horários. O cronograma de qualquer evento, quando bem elaborado, contribui muito para seu sucesso. Depois de tudo escolhido pelo cliente, vamos aos detalhes; afinal, são eles que nos dão a oportunidade de mostrar a nossa experiência.

O que deve ser visto pelo cerimonialista? A seguir, itens que não podem ficar de fora da organização.

### 4.2.1 Ensaio na igreja

É necessário um ensaio na igreja, tanto para casamento e bodas quanto para festa de 15 anos. Para isso, faz-se um agendamento com a igreja em dias e horários permitidos, depois o cerimonialista se programa e agenda com os envolvidos.

É fundamental se certificar do que é ou não permitido, por exemplo: abrir a porta da igreja, alterar a arrumação dos bancos ou cadeiras no altar, jogar pétalas, jogar arroz, quem pode ficar no altar, onde se posicionam os padrinhos, pais e crianças, cumprimentos na igreja e reserva de vaga para o carro da noiva na porta da igreja.

- Em casamento, sabemos que é quase impossível a presença de todos os padrinhos. O essencial são os noivos, os pais e as crianças. Com relação às crianças, lembre-se de que elas são surpreendentes: podem se comportar de maneira correta no ensaio e no dia, não. É essencial ter um plano B. Nesse ensaio são definidas as ordens de entrada, as músicas escolhidas, o horário que cada um chegará, os contatos telefônicos do padre, da igreja e dos profissionais da música, da fotografia e filmagem, além do roteiro de toda cerimônia, que será visto mais adiante em detalhes. Tudo com bastante cuidado, para ninguém mudar de posição ou se posicionar mal na hora da troca de casais, durante o casamento.

Outra curiosidade: no ensaio de casamento combinamos ainda o momento das fotos no carro, que devem acontecer antes que todo o cortejo entre. O espaço que os fotógrafos percorrem para tirar fotos entre a entrada do noivo e a da noiva compromete o andamento da cerimônia, por isso essas fotos devem ser tiradas antes; assim, toda a equipe já fica dentro da igreja da primeira música em diante.

A sincronia entre recepcionista, cerimonialista, cortejo, padre, música da igreja, sino, fotógrafo, cameraman e abertura da porta da igreja deve ser perfeita. Verifique primeiro se o padre já está arrumado; em seguida, se o cortejo está na posição correta; por fim, se fotógrafo e cinegrafista já estão no tapete vermelho. Então, dá-se o sinal para a música e aí sim o cortejo entra. Minutos depois outra sincronia acontece: música, sino, abertura da porta, profissionais e entrada da noiva.

- Em bodas o ensaio também é importante, levando-se em consideração a presença do casal e familiares (filhos, noras, genros, netos e bisnetos).

- Quando acontece de a debutante celebrar uma missa, no ensaio devem estar presentes os pais, os irmãos e os 14 pares de amigos (se houver).

#### 4.2.2 Limpeza de escadas, salão, banheiros e hall

É importante o cuidado com os produtos de limpeza utilizados em todos os espaços do local escolhido para a realização do evento, a fim de evitar que os convidados escorreguem por excesso de cera no chão ou fiquem incomodados com o cheiro muito forte. Essa limpeza deve ser constante, e é fundamental certificar-se de que o local terá equipe de limpeza durante todo o evento tanto para cozinha, copa e salão (caso quebrem ou derramem alguma coisa ou, ainda, passem mal) quanto para os banheiros (papel higiênico e papel toalha devem ser calculados de modo a haver bastante reserva).

Lembro-me de um cliente que solicitou pétalas de rosas no vaso sanitário. Pensei que era na tampa de acrílico do vaso. Mas não, era boiando na água, para que cada convidado tivesse uma visão diferente do banheiro. Poderíamos ter entupido o vaso se não tomássemos o cuidado de colocar bem pouca quantidade de pétalas. Um recepcionista ficou alocado com dedicação exclusiva para tal função. Mais uma vez, todos os detalhes foram pensados para o sonho se tornar realidade.

### 4.2.3 Disposição das mesas e cadeiras dos convidados

Depois de definido o número certo de convidados, escolhido o tipo de formato de mesa e o modelo da cadeira, calcula-se a quantidade em dez por cento a mais para não haver constrangimento ao compor os convidados às mesas. Nem sempre conseguimos preencher uma mesa de seis lugares com a mesma família – e em algumas ocasiões nem mesmo com oito ou dez lugares. Além disso, essas mesas devem estar alinhadas de modo a não atrapalhar o serviço do buffet.

Cheguei a presenciar diversos convidados que não aceitaram sentar-se à mesa de outra família que não conheciam. Esse é mais um caso de jogo de cintura que devemos ter para lidar com imprevistos. E é mais um motivo para reservar uma quantidade de lugares sempre dez por cento maior do que a quantidade de convidados, acomodando todos sem precisar incomodar os anfitriões.

Quando falamos em percentual de falta, referimo-nos a mais ou menos vinte por cento do total de pessoas convidadas. É normal que algumas pessoas tenham outro compromisso na mesma data, o qual pode ser de trabalho ou particular. Algumas pessoas até dividem seu tempo para comparecer a mais de um evento, mas isso implica diversos fatores, principalmente locomoção. Mesmo assim, arrume a quantidade conforme a seguinte orientação:

Se são 300 convidados e as mesas comportam 10 lugares, calcule 33 mesas em vez de 30, e daí por diante.

### 4.2.4 Disposição das mesas principais

As mesas principais devem estar dispostas em lugares de fácil acesso ao cerimonial, para ajudar no momento das fotos e das homenagens. Elas são reservadas para parentes, convidados de honra ou homenageados, e só o anfitrião sabe identificar entre os seus convidados aqueles que se encaixam nessa situação.

- Se for um casamento, essas mesas são para os noivos, pais dos noivos, avós, padrinhos de batismo, padrinhos de casamento, damas e pajens. A composição às vezes é difícil, pois os padrinhos de casamento também levam a família. Cabe, portanto, o bom senso.

- Se forem bodas, além dos pais, irmãos, filhos, noras, genros e netos, é possível reservar também para os padrinhos do casamento, dama e pajem.

- Se o evento for uma festa de 15 anos, essas mesas ficam reservadas para pais, avós, padrinhos de batismo e demais homenageados do cerimonial.

Em todos os casos temos ainda: a chefia do trabalho, um parente que veio de outro estado ou país e não conhece ninguém, ou pessoas com deficiência. Cabe ao anfitrião a escolha dessas pessoas para que o cerimonialista possa organizar as mesas da melhor maneira possível. E não custa lembrar: cada família tem a sua história e as suas peculiaridades, até mesmo parentes que não se falam e preferem sentar longe uns dos outros.

### 4.2.5 Arrumação dos prismas de mesa

Toda mesa que for identificada pode estar só com o papel ou com um prisma de acrílico. Essas mesas podem ser reservadas por nome do convidado (e família) a quem se destinou o convite, podem conter um número que o identifique no cerimonial ou conter os nomes individualmente. O que não é aconselhável é o uso da palavra "reservado". Reservado para quem? Parentes? Amigos íntimos nessa hora se consideram tão parentes quanto os próprios, não é verdade?

Já passei por diversos constrangimentos com convidados que escondiam os prismas entre as flores, na bolsa ou no chão. Algumas vezes conseguíamos identificar a situação e solicitávamos o deslocamento de tal convidado para outra mesa. Outras vezes o convidado recusava retirar-se mesmo vendo o mapa em minha mão. Os recepcionistas que trabalham comigo já foram chamados inclusive de desorganizados, pois no mapa dizia reservado e na mesa não havia o prisma (que ele mesmo havia retirado).

Mais uma vez a paciência do profissional de eventos é requisitada para impedir que um convidado estrague o evento. O importante é resolver sem levar o problema ao anfitrião. Deixamos o convidado permanecer se ele oferecer resistência ou, no caso de atrapalhar o cerimonial, comunicamos o problema ao parente mais próximo do anfitrião.

Se o cliente preferir, todas as mesas também podem ser reservadas. Para que isso ocorra, contudo, é preciso ter o mapa do espaço contratado, o qual é elaborado pelo proprietário do local e entregue ao cliente. A definição de quem ficará em cada mesa só pode ser feita pelo cliente, pois nós, cerimonialistas, não conhecemos os convidados. A quantidade de mesas por fileira e cadeiras por mesa tem de ser perfeita, para não haver erros.

O trabalho do cerimonial com os recepcionistas precisa ser impecável para que o convidado não tenha de esperar muito para ser encaminhado ao seu lugar. Para isso, o cliente nos entrega uma lista em ordem alfabética com o nome de cada família convidada e ao lado coloca o número da mesa em que ele ficará, correspondente ao mapa.

No meu casamento reservei todas as mesas e coloquei, em cada convite, seu número. Facilitou no momento da chegada dos convidados, pois um *flipchart* com o mapa os guiou; afinal, meu desejo era ter os recepcionistas como convidados nesse dia!

#### 4.2.6 Arrumação da louça para o jantar

A louça deve ser impecável, estar limpa e completa. A arrumação correta do *mise-en-place* é que dá o requinte da refeição que será oferecida. O cardápio deve ser escolhido de acordo com o gosto do cliente e de seus convidados; o conhecimento da bebida certa, que combina com cada tipo de prato, faz toda a diferença. Para esse glamour, não podemos esquecer o papel importante que exercem o chef de cozinha e o maître.

A vistoria deve ser constante. Às vezes uma faca pode estar disposta do lado errado e ali sentar-se exatamente um bom entendedor de etiqueta à mesa.

Quando for servida uma entrada e o prato principal for carne, serão colocados dois garfos e duas facas, de tamanhos diferentes. Se o jantar for um único prato principal, haverá apenas um conjunto de talheres. Se for composto por entrada e peixe como prato principal, dois garfos e duas facas (lembrando que os talheres de peixe são diferentes). Se tivermos um caldo haverá sempre uma colher de sopa do lado direito do prato. Talheres acima do prato são para sobremesa.

**DICA:** para não cometer nenhuma gafe, comece a usar os talheres de fora para dentro.

As taças ficam do lado direito do prato e são arrumadas também de fora para dentro, da menor para a maior: vinho branco, vinho tinto e água. Se for realizado um brinde durante o jantar, encontraremos a taça de champagne acima das demais taças.

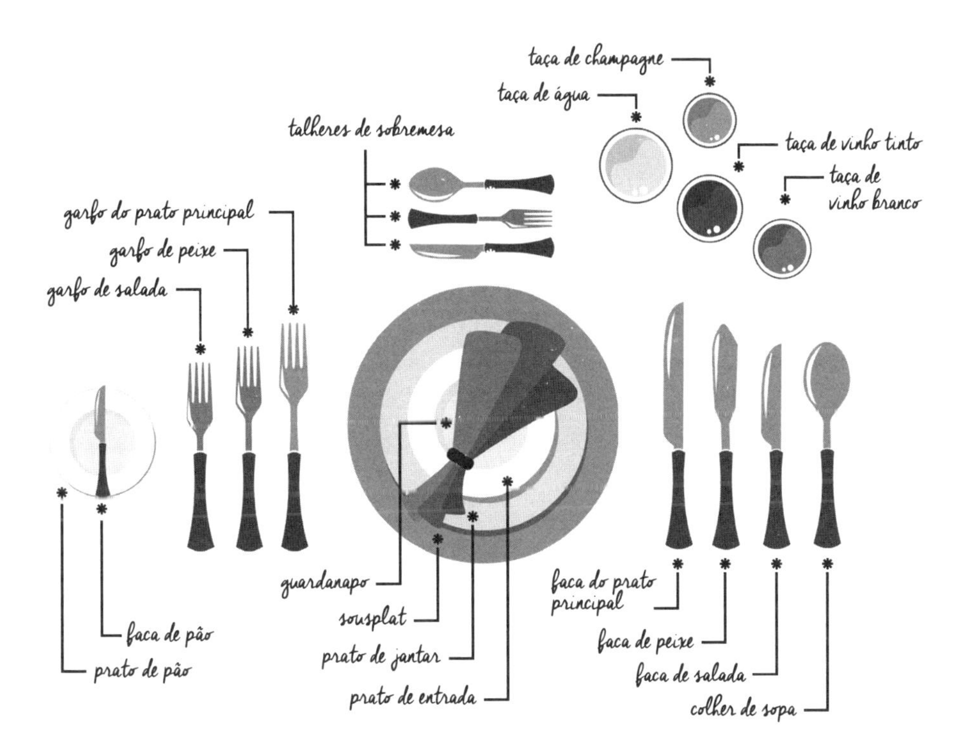

Com relação a esse item, nós, cerimonialistas, podemos ser solicitados pelos anfitriões a dar-lhes uma aula de etiqueta à mesa. Nem sempre todos sabem utilizar a louça corretamente. Pode ser preciso ajuda para uso de um talher de peixe ou até mesmo para saber como se segura uma taça ou onde se coloca o guardanapo durante um jantar.

#### 4.2.7 Recebimento de todo o material para o evento

É preciso escalar quem ficará responsável por essa função, para que os materiais não se percam nem o entregador volte com a encomenda por não encontrar quem o recebesse. Onde ficarão armazenadas essas embalagens ou *cases* é outra preocupação, pois assim não ficarão espalhados pelo salão do evento, à vista dos convidados, durante a festa.

É necessário que todos os itens sejam contados para não haver problemas na devolução: talher, guardanapo de pano, toalhas, taças, sousplat, entre outros. Perdemos muitos guardanapos de pano pelo fato de os convidados utilizarem-nos para carregar os doces. É recomendado contar guardanapos e toalhas após o evento, com testemunhas, para que possam ser ressarcidos quando necessário.

#### 4.2.8 Lanche ou almoço da equipe de apoio

Todos os profissionais são importantes e, juntos, formam uma equipe. Apesar da carga horária excessiva, o prazer pelo trabalho traz a recompensa. Só é preciso lembrar que trabalhamos com pessoas, por isso temos pausas para as refeições.

Não é permitido comer em público, beber bebida alcoólica ou fazer as refeições todos ao mesmo tempo. No caso de recepcionistas, um come de cada vez. Equipes de foto e filmagem também devem se revezar para não comer no momento em que algo significativo ou emocionante esteja acontecendo no salão e corra o risco de não ser registrado. Não é possível pedir para repetir a cena.

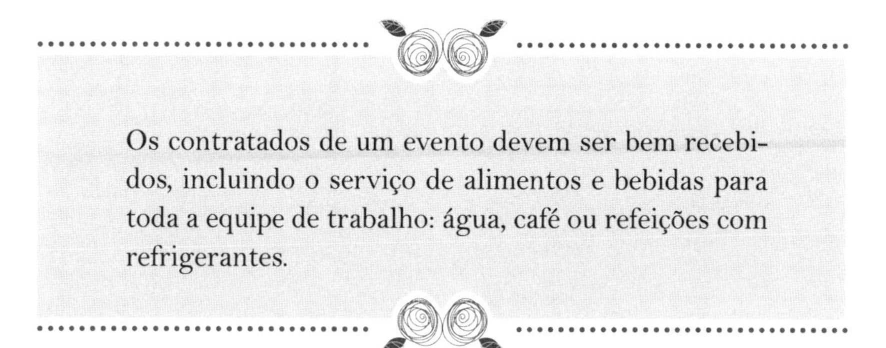

Os contratados de um evento devem ser bem recebidos, incluindo o serviço de alimentos e bebidas para toda a equipe de trabalho: água, café ou refeições com refrigerantes.

### 4.2.9 Disposição de todos os profissionais de acordo com a logística do local

Uma reunião prévia ajuda a informar a logística do local, mas nem sempre todos participam. Às vezes até os que participaram da reunião não comparecem, assim outros membros da equipe trabalham em seus lugares.

Cabe ao cerimonialista dar total atenção e indicar o local onde serão montadas a aparelhagem de som, as telas, as iluminações; qual é a formatação das mesas; onde serão arrumadas as mesas principais de bolo, doces, trufas, lembranças; qual é o posicionamento das mesas reservadas, entre outros.

É importante verificar ainda a distância para pontos de luz, tomadas e quadro de força.

### 4.2.10 Local para a equipe de decoração trabalhar

Em algumas ocasiões, a limpeza do salão principal pode já ter sido feita na véspera ou bem cedo e talvez não haja mais funcionários para a limpeza posterior, apenas na fase do evento. A preocupação do cerimonialista em reservar um lugar para os decoradores trabalharem com capricho na decoração floral demonstra espírito de equipe. Cabe à equipe de decoração contratada limpar essa área depois.

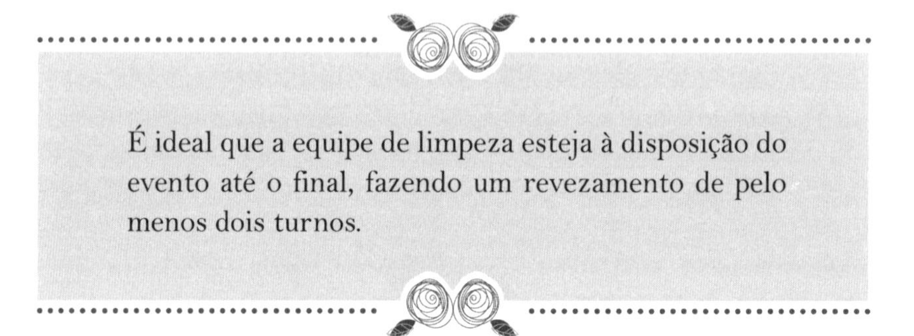

É ideal que a equipe de limpeza esteja à disposição do evento até o final, fazendo um revezamento de pelo menos dois turnos.

### 4.2.11 Controle de qualidade das comidas

Essa tarefa é perfeita para os chefs, mas às vezes o cliente solicita a ajuda do cerimonialista. Além da qualidade, podemos também verificar a quantidade e se a comida está compatível com o contrato.

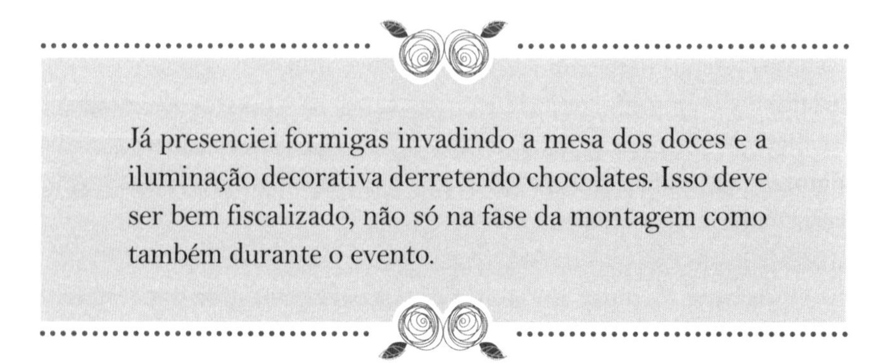

Já presenciei formigas invadindo a mesa dos doces e a iluminação decorativa derretendo chocolates. Isso deve ser bem fiscalizado, não só na fase da montagem como também durante o evento.

### 4.2.12 Capricho na arrumação dos detalhes

Por mais que possa passar despercebido para alguns ou até para o cliente, a cobertura de vídeo e fotografia registra os detalhes. É nossa função fiscalizar e caprichar. Pode ser um arranjo de mesa que não está no centro, mesas dos convidados que não estão em simetria, papel da reserva de mesa torto, bandejas de doces sujas, pétalas da decoração ou folhagens que caíram no chão, restos de panos ou sobras de fios espalhados, louça mal lavada, talheres faltando ou copos não alinhados. Atenção a todos eles!

### 4.2.13 Vestuário da equipe de apoio

O marketing pessoal é fundamental. Durante toda a montagem é importante o uso de blusas com o logotipo da empresa e calças confortáveis, mas shorts e camisetas nem pensar! As roupas devem estar sempre limpas e bem passadas.

Sugiro que os recepcionistas usem cores como bege, azul, vinho e cinza. Deve-se descartar o preto, pois grande parte dos convidados escolhe esse tom. É preciso ser facilmente identificado no evento.

Na hora do evento, a apresentação deve ser a seguinte: cabelos presos, sapatos confortáveis, maquiagem, perfume, crachá, poucos acessórios e unhas bonitas. O esmalte das mulheres deve ser sempre claro. Para o traje, sugerimos o uso de terninho por oferecer mais mobilidade na hora de esticar uma cauda de vestido de noiva, abaixar para pegar alguma coisa que tenha caído, subir escadas, entre outras funções.

Para os homens: ternos com gravatas, sapatos limpos, cabelos cortados, barba feita, perfume, crachá e unhas impecáveis, tudo combinando.

#### 4.2.14 Utilização de crachás

É indispensável o uso de crachás, em particular para recepcionistas e garçons, a fim de que anfitriões e convidados possam identificá-los e diferenciá-los. Se o restante da equipe de eventos (fotografia, filmagem, sonorização, seguranças, equipe de manutenção e limpeza) também puder usar, excelente. Os crachás devem conter o nome da pessoa e a empresa que representam. Algumas pessoas preferem que seja identificada apenas a função, mas ninguém deve ser identificado dessa maneira. Prefiram o uso dos crachás de acrílico, retangulares e escritos na posição horizontal. Cuidado com o uso das cores. O logotipo da empresa representada deve ser igualmente legível.

#### 4.2.15 Teste de som, luz, telão e efeitos

Tudo deve ser testado horas antes do início do evento, mas, mesmo assim, acontecem imprevistos.

Assim, toda a equipe deve chegar pela manhã quando o evento for à noite e trabalhar sempre prevendo os imprevistos. Se o evento for pela manhã, a montagem tem de ser feita na véspera.

O material extra deve ser obrigatório e precisa ficar bem armazenado, sem falar nos fios, que devem ser presos com fita adequada.

#### 4.2.16 Passagem de voz

O mestre de cerimônias deve saber o tipo de microfone que a equipe de som levará e testar antes, para não ficar falando coisas como

"1,2,3, testando" na frente dos convidados. Sugerimos colocar alguém do lado oposto ao dele para verificar se dá para ouvir bem a sua narração. Não basta ter grave e agudo, é o médio que vai equalizar a voz.

Quando o trabalho envolve música de fundo, o DJ precisa estar em perfeita sintonia com o roteiro para fazer os ajustes de volume.

Outro item é o pedestal. É preciso verificar se o profissional gosta de usá-lo e se a equipe dispõe de um.

Eu sempre preferi o texto na mão direita e o microfone na mão esquerda, sem pedestal e com cabo bem extenso. Dependendo do local, o microfone sem fio dá muita interferência. Com o cabo extenso, a pessoa dispõe da mesma mobilidade que teria com um microfone sem fio, se precisar mudar de lugar para falar com um recepcionista ou qualquer outro profissional envolvido no cerimonial.

### 4.2.17 Iluminação decorativa

As luzes decorativas podem queimar durante o evento ou ser "chutadas" sem querer por convidados. Por isso, é indispensável a presença de um profissional de plantão para reposição ou ajuste. A checagem dos pontos contratados para as luzes também é essencial, inclusive a tonalidade escolhida pelo cliente.

#### 4.2.18 Filmagem e fotografia do salão vazio

O cerimonial deve deixar todo o salão pronto para que a equipe de foto e filmagem possa registrar todos os detalhes antes de o evento começar. Esse é um registro muito importante para os anfitriões. Combine o horário de chegada com toda a equipe para em torno de duas horas antes do horário previsto para início do evento.

Depois de tudo isso, então, podemos passar para a terceira fase, que é a execução do evento.

### 4.3 Execução do evento

É preciso trabalhar em um esquema de ronda para a verificação de detalhes que não podem faltar. Vamos falar deles a seguir.

#### 4.3.1 Posicionamento dos recepcionistas

O posicionamento dos recepcionistas é importante para que eles não fiquem muito juntos, parecendo estar conversando durante o evento. O convidado pode ficar com a impressão de que estão falando dele ou fazendo algum comentário desagradável. E o anfitrião pode se perguntar se não há o que fazer.

As atividades de um recepcionista são diversas, portanto é fácil fazer uma escala: verificação dos convites, orientando-se pela lista de convidados fornecida pelo cliente; recebimento dos presentes, colocando etiquetas com o nome de quem presenteou; recepção aos convidados, dando-lhes boas-vindas; encaminhamento às mesas reservadas; assessoria aos anfitriões e controle do início do serviço de alimentos e bebidas. Mais à frente esses serviços serão detalhados.

### 4.3.2 Conferência das acomodações

Essa verificação é feita com o objetivo de não deixar ninguém em pé e de fazer com que anfitriões e convidados de honra tenham ocupado seus lugares tão bem definidos no planejamento.

### 4.3.3 Luz ambiente

A luz ambiente do local deve ser regulada de acordo com o repertório musical, estando tudo em comum acordo com o cliente, o administrador do local e a equipe de iluminação. É primordial que a equipe de foto e filmagem esteja a par desse assunto.

### 4.3.4 Repertório musical

Quanto ao repertório musical, é preciso verificar se está dentro dos padrões escolhidos pelos anfitriões. Não é recomendável tocar a música preferida no momento dos cumprimentos ou da troca de roupa, pois supõe-se que eles gostariam de estar na pista de dança com seus convidados.

A lista de músicas pré-selecionadas é fundamental para evitar qualquer imprevisto. Caso um convidado solicite um tipo de música ao DJ e este não esteja autorizado a tocar, é bom informar isso a ele e não contrariar os anfitriões.

### 4.3.5 Qualidade nos serviços de atendimento

Além de recepcionistas, garçons, maîtres, seguranças, funcionários de limpeza e manutenção, todos devem ter qualidade máxima no atendimento, demonstrando simpatia e satisfação por estar ali naquele momento. Afinal, trabalhamos com energia positiva. As pessoas estão comemorando, sorrindo ou chorando de felicidade. Se algum contratado não estiver em um bom dia, ele deve ser sempre profissional e não deixar isso transparecer.

### 4.3.6 Verificação das mesas principais

Esse é o momento de acompanharmos as necessidades dos convidados especiais. Reforçar o serviço de buffet nas mesas reservadas é importante, mas as outras também são. Além disso, eles podem precisar de qualquer tipo de ajuda, como pedir um produto na farmácia, chamar um táxi, trocar de lugar por causa do som ou até solicitar algo especial relacionado à comida ou bebida.

### 4.3.7 Reposições necessárias para bandejas e toaletes

Se os convidados puderem se servir da mesa de chá, frios ou doces antes da hora adequada, é preciso atentar para uma reposição constante, a fim de manter a boa arrumação das bandejas. Já encontrei forminhas de doce espalhadas, guardanapos sujos e até cálices derramados com licores. Os próximos a se servirem devem encontrar a mesa impecável.

E sobre os toaletes? É possível que as pessoas responsáveis pela limpeza dos banheiros não consigam atender à necessidade frequente de reposições, por isso faça visitas constantes aos banheiros para certificar-se de que está tudo sob controle. Faz parte da organização do cerimonial verificar o trabalho de todos.

### 4.3.8 Livro ou pôster de assinaturas e book de fotos

O livro de assinaturas não contém fotos, contém apenas linhas para ser escrito. O book, por sua vez, contém fotos e um espaço para assinaturas. Nenhum deles pode ficar parado. Ainda assim, é difícil passá-lo em todas as mesas, seja porque os convidados gostam de ler o que o outro escreveu, o que atrasa a dedicatória dos demais, seja porque uma pessoa não estava na mesa no momento e pede que o livro volte para ela assinar. Quanto ao pôster, alguém deve se encarregar de tomar conta para não ficar rasurado, rabiscado ou conter palavras desagradáveis.

Hoje, segundo as novas tendências, usam-se mais banners pendurados pelo salão, sem a necessidade dos autógrafos. É importante estar sempre atento às novidades.

### 4.3.9 Assessoria aos demais profissionais do evento

Se todo o roteiro tiver sido repassado, fica fácil o desenrolar do evento. É fundamental manter o espírito de equipe. De acordo com a escala, cerimonialista ou recepcionista podem verificar se alguém está precisando de algo, como informação, ou se todos estão comendo e bebendo.

### 4.3.10 Cerimonial

Quer seja o evento um casamento, bodas ou uma festa de 15 anos, em algum momento o cerimonial estará presente. Pode ser até em vários momentos da festa. Essas etapas serão detalhadas adiante.

## 4.4 Pós-evento

Essa fase acontece quando todos os convidados vão embora e novas atribuições ficam sob a responsabilidade do cerimonialista. Nem sempre a festa acaba quando é tocada a música final e o silêncio paira nos salões, ou mesmo quando surgem os famosos gritos de: "Por que parou? Parou por quê?"

O conforto, a tranquilidade, a segurança e o profissionalismo são as expectativas que o anfitrião deposita no cerimonialista. Por isso, não devemos sair correndo nem demonstrar cansaço. Não desmonte a festa na frente dos convidados. Para ele foi um momento único que não pode acabar com a sensação de alívio para os profissionais.

Cuidado também com o traje dos funcionários nessa ocasião. Deixe que todos os convidados saiam para fazer a troca de roupas e sapatos específicos dessa fase. A equipe deve conversar sempre em tom baixo, pois há a possibilidade de algum convidado voltar para procurar algo que tenha perdido ou esquecido e ouvir comentários desnecessários.

Minha equipe uma vez deitou em uma ilha de pufes para relaxar, sem sapatos, depois que todos haviam saído. Após vinte minutos do encerramento do evento, o cliente voltou para agradecer mais uma vez. Os funcionários ficaram muito constrangidos, mas contornei a situação dizendo que tudo havia sido tão bom que só agora eles haviam sentido o cansaço. Não estavam fazendo nada de errado, mas a sensação de comprometimento deve estar sempre presente.

### 4.4.1 Entrega dos presentes embalados

Os presentes que forem recebidos nas festas de 15 anos e os que, porventura, aparecerem nos casamentos e bodas devem ser entregues embalados em sacos grandes e resistentes. Procure, durante o evento, já colocá-los no carro do cliente com a ajuda de alguém da família para abrir o carro e o segurança para carregá-los. Se o evento não tiver estacionamento local, guarde os presentes no camarim até o final do evento. Recomenda-se que o cliente não precise carregar nada e que os presentes não fiquem expostos durante todo o evento.

### 4.4.2 Livro ou pôster de assinaturas e book de fotos

No caso do pôster, ele deve ir embalado e com todo cuidado para o carro. Certifique-se das canetas. Pais em geral querem escrever mais, posteriormente. O mesmo vale para o livro de assinaturas ou book de fotos.

### 4.4.3 Kit com bolo, doces, salgados, trufas e eventuais sobras

A quantidade de kits vai variar de evento para evento, mas deve constar no planejamento. Não é na hora do evento que se pergunta quantos kits o anfitrião levará, nem é no final do evento que avisamos na cozinha.

- Nos casamentos são três kits: noivos, pais da noiva e pais do noivo, tudo isso de comum acordo. Às vezes a quantidade aumenta ou diminui.

- Nas bodas pode ser um kit para o casal e os demais de acordo com a quantidade de filhos casados.

- Nas festas de 15 anos, um ou dois kits são o suficiente.

### 4.4.4 Sobras de bolo, doces, chocolates e bebidas especiais

Essas sobras também devem ser embaladas e entregues aos anfitriões, que em algumas ocasiões ofertam-nas aos funcionários. As bebidas especiais, como vinho, prosecco, champanhe e uísque, são contadas no início do evento e recontadas ao término.

#### 4.4.5 Retirada do material de som, móveis e decoração

Alguns lugares só permitem a retirada até determinado horário, outros só permitem a retirada no dia seguinte. Ninguém pode ser pego de surpresa, principalmente na madrugada. Assim, tudo deve constar no contrato.

## 5.1 Chás de casamento

Neste caso o cerimonialista pode organizar o chá ou, ao menos, indicar os profissionais. Temos o antigo e útil chá de panela, que muitas vezes é realizado junto com o chá de bar. No chá de panela as mulheres presenteiam os noivos com itens relacionados em uma lista de loja ou organizados por alguém encarregado pelo chá e informados aos convidados. No de bar, são presenteadas taças e bebidas para o bar do casal. Podem ser planejados dois chás em diferentes datas ou no mesmo dia e local, reunindo amigos e familiares. As brincadeiras estão cada vez mais diferentes e não incluem necessariamente pintar os noivos.

Há também o chá de lingerie. A noiva escolhe novas peças para o seu enxoval e diversas brincadeiras são realizadas. Encontramos, inclusive, empresas especializadas no assunto.

O mais recente é o chá de construção, para ajudar na construção da casa nova. Os convidados dão dinheiro equivalente aos itens necessários para a obra.

## 5.2 Hora da gravata

Em casamentos, é comum o ato de passar pedaços de uma gravata entre os convidados da festa para arrecadar dinheiro.

Alguns anfitriões são contra a brincadeira, pois acham inoportuno o convidado – que já gastou com presente, cabelo, maquiagem, unhas, roupas, sapatos, gasolina e estacionamento – ainda pagar por um pedaço de pano.

Outros acreditam que a tradição traz sorte. Empresas chegam a fabricar miniaturas para facilitar o trabalho de quem vai passar a gravata. Tornaram-se mimos em vez de produtos à venda para os convidados.

Se o anfitrião desejar encomendá-las, essas minigravatas são personalizadas, trazendo o nome do casal e a data do evento, inclusive de acordo com a cor escolhida.

Uma vez que se tenha decidido passar a gravata, é importante saber qual amigo, irmão ou padrinho recolherá o dinheiro em troca da gravata e em qual momento isso se dará.

Sugere-se que essa atribuição não fique a cargo dos recepcionistas, para não ser necessário pedirem dinheiro aos convidados. O que eles fazem é providenciar a bandeja e a tesoura necessárias.

## 5.3 Kit conveniência

Prepare um kit para deixar nos banheiros masculino e feminino com itens de costura, linha de todas as cores, absorventes, perfumes, lenços umedecidos, desodorantes, gel bucal, fio dental, sal de frutas e comprimidos para dor de cabeça.

## 5.4 Buquê

Deve-se definir com antecedência se a noiva vai jogar o próprio buquê ou outro, seja ele de qualquer formato: redondo, cacho ou cascata. Algumas novidades surgem, como um sapo ou um buquê de Santo Antônio.*

O momento em que isso se dará, se ela vai querer falar nessa hora, qual música tocará e se o noivo vai jogar uma caixa de uísque vazia para depois ser trocada por uma garrafa são questões que devem estar devidamente planejadas.

Com certeza novos tipos de buquê estão sendo criados (fuxicos, galhos de arruda, três em um) e outros ainda estão por vir. Só devemos orientar as noivas com relação ao bom gosto e à praticidade na hora de jogar e ser levado por quem o pegou.

## 5.5 Fumaça de gelo seco

Quase todas as debutantes apreciam a fumaça de gelo seco que é utilizada durante a sua entrada no cerimonial da meia-noite, nas valsas e nas coreografias.

O profissional encarregado deve verificar todas as instalações elétricas do local para não ter surpresas no dia do evento, uma vez que a máquina é instalada no quadro de força. Além disso, não se deve esquecer de utilizar as luvas adequadas para o manuseio da máquina.

* Outra particularidade de casamentos, cuja intenção é dar sorte às amigas solteiras. Quem pegar o buquê será a próxima a casar.

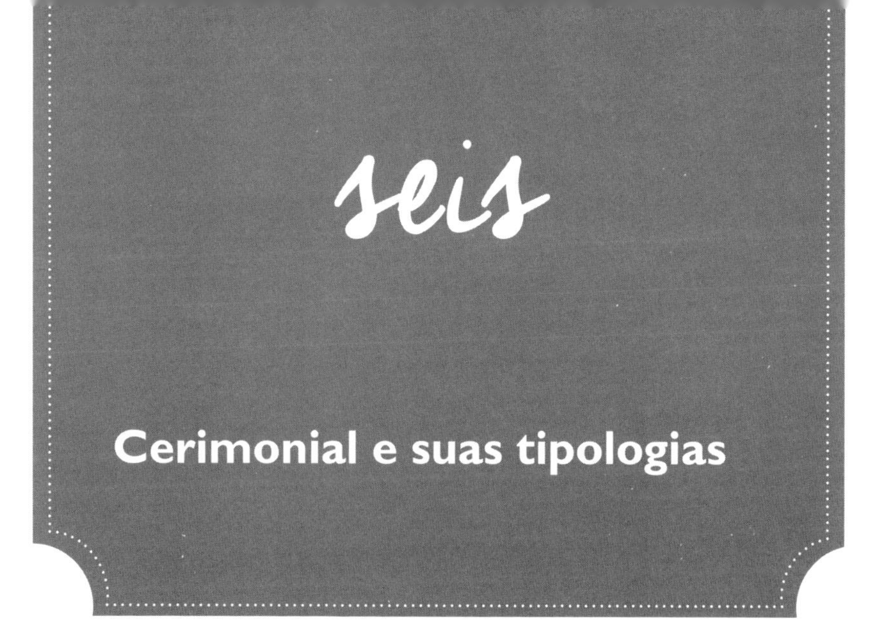


## 6.1 Cerimonial

O cerimonial encarrega-se de coordenar o ritual de cada evento social, respeitando suas particularidades. O profissional deve ser bem informado, qualificado e atualizado. Tudo é combinado com o cliente. As normas precisam ser seguidas, mas muita coisa pode ser alterada para atender ao gosto do cliente ou para seguir a logística do espaço.

## 6.2 Cerimonial de casamento

Nesse tipo de cerimonial, temos a parte religiosa e a social. A religiosa segue um ritual que deve ser rigorosamente respeitado e engloba: a entrada do cortejo, das damas e da noiva, bênção das alianças, assinaturas, cumprimentos no altar, fotos e saída de todo o cortejo.

O ritual mais tradicional é desenvolvido da seguinte maneira:

- entrada dos padrinhos, intercalando um casal do noivo e um da noiva (primeira música);

- logo após esse cortejo, entra a mãe da noiva com o pai do noivo (segunda música);
- na terceira música, entra o noivo com a sua mãe.

O noivo será recebido, então, por todos os padrinhos no altar. O noivo e seus padrinhos ficam do lado esquerdo do altar – o lado direito de quem entra na igreja –, enquanto os padrinhos da noiva ficam do lado oposto.

Logo após o noivo e os pais, precedida por crianças, entra a noiva com seu pai. Para as crianças é preferível tocar uma música à parte da noiva. Assim, se houver imprevistos, o brilho da noiva fica preservado na hora da entrada.

Nessa hora, a noiva dá o braço esquerdo a seu pai e segura o buquê na mão direita. Quando ela chega ao altar, fica do lado esquerdo do noivo, passando o buquê para a mão esquerda.

A noiva deve ficar sem o buquê de preferência apenas quando for fazer o juramento e virar de frente para o noivo. É importante que nesse momento eles se lembrem de falar com voz firme e sempre ao microfone. Os convidados gostam de ouvir e fica bem registrado na filmagem. Outra dica é o olhar fixo no parceiro e não no padre.

Em determinadas cerimônias o padre pede que a noiva entregue, tão logo chegue ao altar, o buquê para sua mãe. Não recomendo. Afinal, são os primeiros minutos dela ao lado do noivo e suas primeiras fotos. O buquê dá um certo charme.

E por falar em fotos e buquê, é categórico que a noiva fique com ele no momento das assinaturas. A foto fica muito melhor com o buquê ao lado do papel. No caso do papel, o noivo deve lembrar-se de levar uma bonita caneta no bolso para esse momento. Ele também deve levar lenço de pano, não só para as possíveis lágrimas dele ou da noiva, mas principalmente pelo suor da emoção e das luzes que ficam em torno dos dois.

Quais são os outros momentos em que mais músicas são tocadas?

- bênção das alianças
- ofertório
- comunhão
- assinaturas
- cumprimentos
- saída

E as alianças? É preciso constar no planejamento quem ficará responsável por elas e informar o cerimonialista disso. O que não pode acontecer é se esquecerem de levá-las.

A bênção das alianças é outro momento muito especial na cerimônia. Elas podem ser trazidas pelo noivo no bolso, por uma dama ou pajem, ou ainda pelos avós. No meu casamento optei por meus avós levarem as alianças, uma vez que eles simbolizaram a união feliz e contínua da nossa família.

Ofertório e comunhão só acontecem quando o casamento é celebrado com missa. É raro, mas é uma opção dos noivos.

Assinaturas e cumprimentos marcam os momentos que antecedem a saída. Ainda que nem todos assinem, recomenda-se uma música cantada quando os noivos forem assinar, para envolver os convidados. Do mesmo modo, é interessante atentar para a expressão corporal dos noivos nesse momento. Sugira que ele abrace a noiva enquanto ela assina e que ela faça o mesmo quando for a vez do noivo.

Os cumprimentos em geral são direcionados aos pais e padrinhos. Se tivermos pelo menos duas câmeras contratadas para a filmagem, cada um dos noivos poderá ir para um lado já que depois o material será editado. Quando há apenas uma câmera, é fundamental que o casal caminhe junto, sempre primeiro para o lado da noiva e com o noivo à frente, para não pisar, chutar ou carregar a cauda e o véu da noiva. Pais e padrinhos, ao cumprimentarem a noiva no altar, devem se lembrar de não puxar o véu da noiva.

Antes da saída tem o beijo. Pode parecer estranho, mas deve ser combinado entre o casal como será esse beijo, para não haver imprevisto. Já vi noivas não receberem o esperado estalinho depois do longo beijo.

Outro cumprimento interessante que não pode ser esquecido é quando o pai da noiva a entrega ao noivo. O tapinha nas costas não pode fazer barulho. O abraço e o aperto de mão demonstram mais afinidade e o pai deve ir logo ao encontro da esposa e esperar os noivos no altar.

Fica muito bonita a foto no altar, ao lado dos pais e antes da saída. Outra boa dica é incluir as crianças na foto seguinte.

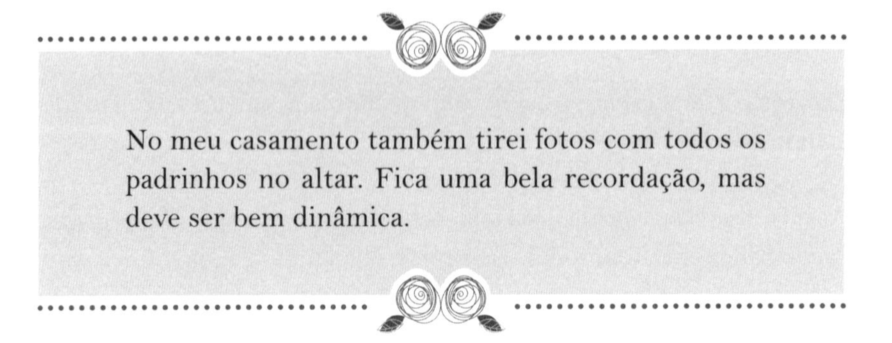

No meu casamento também tirei fotos com todos os padrinhos no altar. Fica uma bela recordação, mas deve ser bem dinâmica.

Vamos, então, à saída. Como é organizado o cortejo de saída de um casamento?

Os noivos saem antes de todos, seguidos pelas crianças. Caso elas sejam muito pequenas, não é necessário esperá-las; as crianças podem ficar com seus responsáveis – até porque não estão mais com as alianças. Saem, então, os pais da noiva, logo após os do noivo e, depois, os padrinhos, intercalando entre um da noiva e outro do noivo.

Esse é o momento de jogar o arroz ou as pétalas. Quando forem pétalas, podem ser jogadas na hora da bênção das alianças e é um encarregado da igreja quem o faz. Informe-se antes se eles ofertam as pétalas ou se o seu decorador terá de levá-las. Quando for arroz, os saquinhos podem ser confeccionados pelo cerimonial; avise, porém, aos convidados que é para abri-los, e não jogar a peteca em cima dos noivos. Algumas igrejas não permitem mais o arroz. Certifique-se!

### 6.2.1 Dia da noiva

A noiva tem um dia especial, antes de ir para a igreja, mais conhecido como o dia da noiva. Na maioria das vezes esse dia é passado no mesmo hotel no qual posteriormente os noivos terão a noite de núpcias. Algumas noivas ficam em locais próprios para o dia da noiva ou em suas casas.

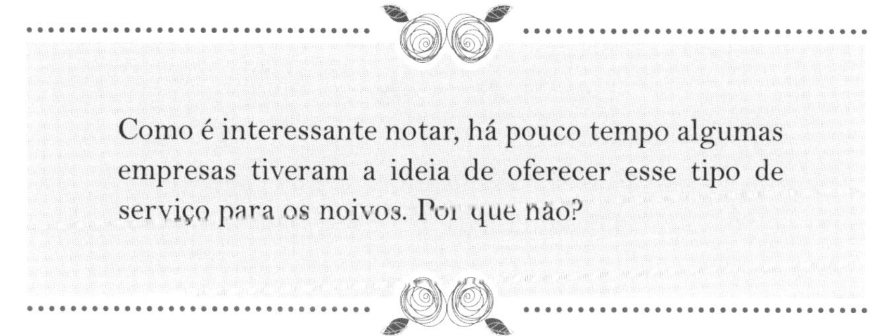

Como é interessante notar, há pouco tempo algumas empresas tiveram a ideia de oferecer esse tipo de serviço para os noivos. Por que não?

Durante todo o dia ela recebe serviços dos profissionais de estética, desde massagens, banhos aromatizados e hidromassagens até maquiagem e penteado para mudança do visual.

É comum esses serviços de maquiagem e penteado já terem sido testados meses antes, de acordo com a grinalda, o véu e o feitio do vestido, sem falar no tipo de rosto. É um dia intenso para a noiva que, se puder ficar sozinha com os profissionais, longe do telefone, terá mais esse momento inesquecível. Algumas preferem ficar com a mãe ou outra pessoa de confiança, que se arrumará no mesmo hotel. O ideal é uma pessoa que seja bem calma e passe muita energia positiva.

Mais perto do horário de saída do hotel chegam as equipes de foto e filmagem para produzir o *making of*. Essa parte também é muito interessante, pois possibilita que o noivo e os familiares vejam toda a transformação do sonho em realidade.

Tive a oportunidade de contar com essas equipes comigo no dia do meu casamento, e elas me passaram bastante tranquilidade e alegria. Nós nos divertimos muito.

Depois do *making of*, as noivas que estão no hotel costumam fazer as fotos de pose nos salões e piscina. Para que tudo transcorra a contento, deve-se confirmar antecipadamente essa possibilidade com o hotel e estabelecer o horário para que não ocorram atrasos no início da cerimônia religiosa. É um momento diferente para a noiva, que vira o centro das atenções de turistas, hóspedes e passantes na beira da piscina. Como esse cenário é belíssimo, não podemos desperdiçar a sessão de fotos. Tudo isso deve durar mais ou menos uma hora, já que envolve subir e descer de elevador, esticar a cauda ou beber água.

É habitual o decorador entregar o buquê nesse local para que a sessão de fotos fique ainda mais bonita. Afinal, o que é uma bela noiva sem o buquê? Esse buquê pode ser de braçada, redondo ou cascata. A noiva escolhe o formato, a cor e o tipo de flor de acordo com seu biótipo e preferência. O horário de entrega do buquê deve ser marcado com bastante antecedência e comparado ao horário que as equipes de foto e filmagem chegarão. Se as fotos estão marcadas para duas horas antes do casamento, esse deve ser o horário máximo para receber o buquê.

Os hotéis costumam colocar uma garrafa de prosecco, trufas e flores para quando o casal volta da festa. O café da manhã pode ser servido no quarto e pétalas de rosas sempre completam o romantismo da noite. O casal deve solicitar sempre *late check-out* para curtir o hotel o dia inteiro, já que só deve acordar depois das 10 horas da manhã.

### 6.2.2 Alguns questionamentos

- E quando a noiva não tem pai?
  Já idealizei vários casamentos assim. Umas entraram sozinhas, outras com o irmão do pai, outras com o padrinho e outras com o próprio irmão. Organizei um em que dois irmãos da noiva foram padrinhos de casamento. Primeiro um desceu do altar, buscando-a nos últimos bancos e levando-a até a metade da nave; depois o outro desceu e a conduziu até o noivo. Essa decisão é da noiva, mas o cerimonialista pode dar sugestões, é claro.

- Cumprimentos podem ser recebidos na igreja?
  Quando a festa acontece fora do salão da igreja, não é necessário realizar os cumprimentos. Se não houver festa após o casamento, os cumprimentos são necessários. Fazemos uma fila começando com a mãe da noiva, o pai da noiva, a noiva, o noivo, a mãe do noivo e, por último, porém não menos impor-

tante, o pai do noivo. Se a festa for na igreja, aconselho que os noivos recebam os cumprimentos logo após a cerimônia, ainda dentro da igreja, em um lugar especial que não atrapalhe o casamento seguinte e que seja bonito para filmagem.

O que vemos por vezes são os casamentos em que nem todos são convidados para a festa. Embora não seja recomendado pelos cerimonialistas, tal fato é recorrente. Nesse caso os cumprimentos serão dados normalmente na igreja, assim quem não vai à festa tem a oportunidade de cumprimentar o casal.

Pode acontecer também de algumas pessoas só irem à igreja, e não à festa, por serem idosas ou estarem de luto. Essas pessoas em geral sinalizam a atitude e ficam próximas do carro dos noivos para um abraço.

O que é o genuflexório?
É o lugar em que os noivos se ajoelham para a bênção do padre. Deve-se tomar cuidado para não cair nem mostrar o selo do sapato, que deve ser retirado em casa.

Sabiam que o padre diz: mão direita com mão direita?
É a hora do juramento. Muitos trocam a mão, pois acham que é a esquerda por causa das alianças. Essa dica faz parte do ensaio, então é só prestar atenção.

## 6.3 Cerimonial de bodas

Comemorar bodas é uma bênção de Deus e um motivo a mais para ser feliz no casamento. Pode ser de um ano, três, oito ou até os mais lembrados, como bodas de prata e de ouro.

O cerimonial desse tipo de evento engloba todo o planejamento de um casamento, variando apenas o porte do evento. Alguns casais fazem uma grande festa e outros, uma pequena reunião familiar de cinquenta a oitenta pessoas. Em ambos os casos não deixamos de organizar os itens que compõem a comemoração tradicional, tais como: bolo, doces, chocolates, som, recepcionistas, buffet, fotos, filmagem, entre outros.

Já realizei também cerimônias de 30 anos de casados: bodas de pérola. O casal não pôde comemorar os 25 anos em razão de doença na família e esperou os 30. Faço muitas de 40 anos (bodas de rubi), pois alguns casais têm receio de não conseguir chegar aos 50 anos.

O planejamento é feito com base na composição da família, considerando se o casal tem filhos, netos, pais, padrinhos de casamento, damas e pajens. Na cerimônia religiosa, o mais comum é o casal entrar com os filhos. Se houver filhos homens, um ou mais, eles podem entrar de braços dados com a mãe enquanto o pai espera no altar. Se for um casal de filhos, a filha entra com o pai e eles esperam no altar a mãe entrar com o filho. Se o casal tiver apenas uma filha, ela entra com o pai e a mãe entra sozinha. Se os filhos já forem casados, é possível fazer a composição com noras e genros. As alianças podem vir com filhos ou com netos, se for o caso.

### 6.3.1 Momento especial durante a festa

O horário perfeito para momentos especiais costuma ser após o jantar. Se no evento não for servido jantar, esses momentos podem ser programados para o meio da festa. É a ocasião apropriada para render homenagens do casal a todos que ainda estiverem vivos, como pais, padrinhos de casamento, pajem e dama. Talvez exista alguém especial que tenha entrado para o convívio do casal depois do casamento e que também possa receber uma homenagem.

Alguns casais prestam homenagens aos amigos ou parentes falecidos. O cerimonial não deve ser muito longo, mas pode ser emocionante se o casal e os filhos fizerem um discurso.

Lembro-me em particular de umas bodas de prata em que contei a história toda do casal desde que eles se conheceram, passando pelo nascimento dos quatro filhos. Para encerrar, ele declamou o *Hino ao amor* em cima do palco e de frente para a esposa. Foi lindo!

No dia 8 de dezembro de 2012 realizei as bodas de ouro dos meus pais, que quiseram uma cerimônia íntima em casa para setenta pessoas. Minha mãe desceu as escadas da sala com meu irmão e eu os esperei ao lado do meu pai. O genro e a nora ficaram próximos, e os netos trouxeram as alianças. Acho que consagrei meu trabalho com chave de ouro nesse dia. Espero também chegar lá! Comemorei dez anos de casada no mesmo ano e fiz uma reunião íntima para toda a família, com lembrancinhas e dois buquês, um para cada sobrinha solteira.

## 6.4 Roteiro da festa

O roteiro de um casamento ou bodas pode seguir os passos adiante.

### 6.4.1 Recepção dos convidados no salão

Devemos perguntar ao cliente a partir de que horário está liberada a entrada dos convidados e se eles devem esperar os anfitriões ou não para entrarem. É importante acomodá-los com a ajuda dos recepcionistas, mesmo que não haja mesas reservadas.

### 6.4.2 Abertura do buffet

O buffet pode começar a servir antes de os anfitriões chegarem? É o ideal, considerando que os convidados já estão fora de casa há horas. Esse sinal também é dado pelo cerimonialista.

### 6.4.3 Fotos do casal

Enquanto todos estão se acomodando no salão, comendo e bebendo algo, o casal aproveita e posa para fotos.

### 6.4.4 Chegada do casal ao salão

Nesse momento o buffet para de servir e o mestre de cerimônias anuncia a entrada do casal. Coloca-se uma música de preferência do casal e eles entram desfilando até a pista de dança. Daí em diante, podem dançar ou ir direto posar para fotos na mesa do bolo.

### 6.4.5 Local para cumprimentos

Cada anfitrião opta por um modo de cumprimento. Vejamos as diferenças:

- Cumprimentar todos os convidados na entrada do salão. É rápido, prático e receptivo.
- Cumprimentar todos os convidados de mesa em mesa, após a sessão de fotos. Muito comum.
- Não cumprimentar ninguém pessoalmente e agradecer a todos pelo microfone, informando que não irão de mesa em mesa. Os cerimonialistas desaconselham tal atitude, pois isso fará com que os convidados se levantem para cumprimentar os anfitriões.

### 6.4.6 Dança do casal

Caso seja decidido que dançarão, toca-se uma segunda música para o casal e, aos poucos, o mestre de cerimônias vai convidando os pais e padrinhos (no caso de casamentos), filhos, noras e genros (no caso de bodas) para dançarem; em seguida, todos os convidados são chamados.

### 6.4.7 Corte simbólico do bolo e brinde

Se optar por não dançar, o casal vai direto para a mesa do bolo. Se eles dançarem, podem aguardar a pista encher e se dirigir ao bolo para a foto simbólica do corte e brinde com pais e padrinhos (nos casamentos), filhos, noras e genros (nas bodas).

### 6.4.8 Fotos com o bolo

Essas fotos devem ser feitas logo no início da festa, momento em que todos ainda estão em perfeita apresentação pessoal. Com a ajuda do recepcionista, os convidados da lista feita pelos anfitriões são chamados de uma só vez, para agilizar a sessão de fotos. A lista e o recepcionista auxiliam nesse momento, que parece longo mas é uma lembrança para o resto da vida.

### 6.4.9 Abertura da pista de dança

As músicas mais animadas ficam para depois da sessão de fotos. Se o casal gosta de dançar, deve aproveitar ao máximo.

### 6.4.10 Distribuição dos adereços na pista de dança

A distribuição dos adereços que enfeitam os convidados, como óculos, pulseiras e anéis luminosos, chapéus, arcos, entre outros, costuma ser feita pelo recepcionista.

### 6.4.11 Conforto para os pés

Pista animada é sinônimo de distribuição de chinelos ou sandálias para o conforto geral das mulheres, que usam sapatos muito altos para a ocasião. A distribuição pode ocorrer também na entrada do evento, para facilitar. Alguns homens gostam de ser presenteados, mas é preciso saber se os itens foram igualmente encomendados para eles.

### 6.4.12 Almoço/jantar ou só coquetel?

Se for escolhido servir almoço/jantar pelo casal, temos de verificar o horário de mudar o cardápio. Cabe ao cerimonialista transmitir essa informação ao gerente de alimentos e bebidas do evento.

### 6.4.13 Vídeos do casal

Podem ser passados durante o jantar ou durante toda a festa, sem interromper o DJ, mas isso deve ser combinado previamente.

### 6.4.14 Corte do bolo para os convidados

Uma hora antes do fim do evento é chegado o momento de cortar o bolo. Esse serviço fica a cargo dos garçons, mas o cerimonial não pode se esquecer de recolher e guardar os bonecos de casal de noivos e as tábuas, para devolução posterior.

### 6.4.15 Hora de jogar o buquê

É importante saber, já no planejamento, que buquê a noiva vai jogar: o dela, outro, o sapo, o de Santo Antônio... Nesse caso, logo após cortar o bolo, o cerimonialista deve chamar a noiva e levar o buquê escolhido para ela jogar para as amigas. O DJ, o fotógrafo e o cameraman também precisam estar atentos a esse momento.

### 6.4.16 Doces

Os doces podem ser servidos pelos garçons ou podem ser deixados em uma mesa para self-service. Vantagem ao servir: mais organização e todos têm a oportunidade de provar os sabores igualmente. Desvantagem ao servir: o convidado precisa esperar o garçom chegar para fazer sua escolha e se servir – e nem sempre ele serve os sabores desejados na primeira vez. Vantagem do self-service: livre e rápida opção de escolha entre os sabores. Desvantagem do self-service: mais fila para os convidados, desconforto para alguns que saem com a mão cheia e desagradável para idosos, que não gostam de se levantar para ir à mesa se servir.

### 6.4.17 Liberação da mesa de trufas

Em geral, a mesa de trufas é liberada para os convidados no mesmo instante que a de doces, caso não sejam servidas junto com os doces em bandejas separadas.

### 6.4.18 Distribuição das lembranças

As lembranças são distribuídas no momento do encerramento, à medida que os convidados saem, junto com os bem-casados. Algumas lembranças são feitas em especial para os pais, padrinhos de casamento, damas e pajens (no caso dos casamentos) e para filhos, noras, genros, dama, pajem e padrinhos do casamento (no caso das bodas).

## 6.5 Cerimonial de 15 anos

Nas festas de 15 anos, o cerimonial pode começar pela cerimônia religiosa. Se a debutante contar com os 14 pares de amigos, eles serão os primeiros a entrar na nave da igreja, vindo em seguida os irmãos e pais da debutante. Para cada um, uma música diferente. Por último entrará a debutante, sozinha. Algumas preferem entrar na frente dos pais. É só combinar. No fim da cerimônia, a debutante é a primeira a sair, tendo seus pais e irmãos atrás, e os 14 pares de amigos por último.

Na festa, algumas debutantes recepcionam os convidados, junto com seus pais, na entrada do salão; outras ficam com os amigos no salão ou na pista de dança, deixando que os pais se encarreguem de recepcionar os convidados. Nesse caso, os convidados procuram a debutante para cumprimentá-la.

São quatro os momentos marcantes que antecedem ao da meia-noite: a entrada da família no salão; o momento da abertura do buffet; a abertura da pista de dança com o casal anfitrião; e, por fim, a abertura da pista de dança com a debutante ou a debutante e seus amigos. Vale lembrar que cada evento é diferente do outro, por isso depende muito do gosto do cliente. Com relação ao cerimonial da meia-noite encontramos um roteiro bem elaborado e que pode sofrer alterações de acordo com o desejo da debutante.

- Normalmente começa pela entrada dos 14 pares de amigos, caso esteja na programação os amigos dançarem a valsa. Eles entram e dançam uma música, mas isso é muito raro hoje em dia.

- Em seguida entra a debutante sozinha, com seu irmão ou pai, desfilando ao som de outra música.

- Fazemos as homenagens e terminamos com as valsas. As homenagens devem ser breves e com fundos musicais apreciáveis.

- O pai pode dançar uma valsa inteira, mas os demais membros da família (avós, padrinhos, irmãos e tios) devem compartilhar uma só valsa. É importante saber a duração da valsa escolhida para que a música não acabe e ainda fique faltando alguém.

- O rapaz escolhido para representar os amigos não precisa mais ser chamado de príncipe, afinal vivemos no Brasil e estamos no século XXI. Ele entra após as valsas para uma coreografia.

- Durante a cerimônia, amigos podem falar e, em particular, a debutante e seus pais. Às vezes ninguém quer falar por timidez ou falta de intimidade com o microfone, medo de falar em público ou por emoção (o fato de ficar chorando de felicidade e não conseguir fazer o discurso).

- Após a valsa, cantamos os parabéns e fazemos o corte simbólico do bolo para que não seja necessário parar a festa outra vez e diminuir a empolgação da debutante.

- Encerramos com a valsa dos convidados para trazer de novo a animação à pista.

Esse roteiro vai variar de acordo com o profissional e o gosto do cliente. Alguns serviços precisam ser terceirizados, já que alguns cerimonialistas não fazem coreografias nem conseguem falar em público. Por outro lado, alguns profissionais são tão especializados que eles mesmos dão conta de todas as funções.

Sugiro os cursos de dança e de locução para quem busca aperfeiçoamento na área. Mesmo que o cerimonialista não faça as coreografias, ele pode entender dos ritmos atuais e saber o que indicar para o cliente. Caso ele não seja o mestre de cerimônias, estará apto a contratar um profissional com base em suas habilidades.

Cada profissional tem seus dons e cada um, seu espaço no mercado de trabalho. Vale bem mais a pena se especializar em uma função do que ser amador em várias.

Seja sempre você mesmo, aja de acordo com sua capacidade. Não faça nada para agradar aos outros sem antes agradar a si próprio. E por agradar a si próprio entende-se realização profissional, não apenas cifrões.

As debutantes já não realizam mais a troca de sapatinhos, a entrega de bonequinhas, ursinhos, como não fazem mais um cerimonial contando a sua história. Hoje em dia, as meninas dessa idade não brincam mais de boneca, não é verdade? Os adolescentes pertencem a uma geração de namoro, internet e bailes.

As pessoas que comparecem a esse tipo de evento já vão preparadas para o encanto da meia-noite; assim, esperam ver algo diferente, inovador e que prenda a atenção.

Com relação às homenagens, podemos dizer que quem é homenageado adora, mas quem assiste a uma infinita quantidade de emoções fica entediado.

Alguns buffets param de servir durante o cerimonial. Se durar de vinte a trinta minutos agradáveis, perfeito. Mas se perdurar por uma hora ou mais, como fica a sede dos convidados?

### 6.5.1 Roteiro para o cerimonial da meia-noite das festas de 15 anos

- Introdução
- Entrada dos casais
- Entrada da aniversariante
- Homenagens
- Valsas
- Coreografia com o rapaz escolhido para representar os amigos
- Coreografia com os casais e o rapaz escolhido para representar os amigos
- Agradecimentos finais

- Parabéns
- Valsa dos convidados

Cada profissional tem o seu roteiro; é ele quem vai fazer o diferencial de cada um. Não leiam textos longos, para não dispersar os convidados. Façam uso de músicas que combinem com a ocasião. Sejam profissionais mas mantenham um diferencial. Acreditem na capacidade de criar, principalmente nas coreografias.

### 6.5.2 Transcorrer da festa

Como nas festas de casamento e bodas, o roteiro das festas de 15 anos também inclui sessão de fotos, distribuição de adereços na pista de dança, sandálias para dançar com maior conforto e, se houver interesse, um vídeo com algumas fotos da debutante desde pequena.

# sete

# Utilidade da checklist

A checklist deve ser montada em todas as fases de um evento; sem ela, um bom planejamento acaba se tornando improvável. É uma listagem que merece ser fiscalizada a cada fase. Cabe ao cerimonialista elaborar a checklist logo após o fechamento do contrato. No dia do evento, nada pode ficar para trás. Antes de sair do escritório, confere-se o material a ser levado. Segue uma listagem imprescindível.

## 7.1 Checklist para a cerimônia de casamento ou bodas

- Nomes e telefones de todos os profissionais envolvidos no evento
- Listagem das músicas que serão tocadas
- Ordem do cortejo
- Distribuição de tarefas dos recepcionistas
- Contato do padre
- Buquê da noiva
- Buquês das damas
- Aparato em que serão carregadas as alianças
- Alianças
- Flores das lapelas dos padrinhos

- Alfinete para prender as flores das lapelas
- Agulha e linha de várias cores
- Balas de hortelã
- Absorventes
- Canetas para assinatura
- Copos de água descartáveis
- Remédios para dor de cabeça e enjoo
- Pétalas
- Saquinhos de arroz
- Presentes para as crianças que fizeram parte do cortejo
- Uma bolsa dourada e outra prateada que pode ser emprestada eventualmente para madrinhas
- Dinheiro para pagamentos extras e do estacionamento

## 7.2 Checklist para a festa de casamento ou bodas

- Lista de convidados
- Lista de fotos
- Lista de mesas reservadas
- Lista de músicas para o DJ
- Adereços na pista de dança
- Presentes dos pais e padrinhos
- Lembranças das crianças
- Lembranças dos convidados
- Chinelos ou sandálias
- Bem-casados
- Livro de assinaturas ou de endereços
- Sacolas para os eventuais presentes
- Etiquetas para identificar os presentes
- Prismas de mesa
- Gravatinhas ou gravata
- Guardanapos
- Cola, tesoura, absorventes, primeiros socorros, canetas

- Maquiagem e grampos de cabelo
- Roteiro da festa

## 7.3 Checklist para a cerimônia religiosa de 15 anos

- Nomes e telefones de todos os profissionais envolvidos no evento
- Listagem das músicas que serão tocadas
- Ordem dos casais
- Distribuição das tarefas dos recepcionistas
- Contato do padre
- Buquê da aniversariante
- Flores para as damas de honra
- Bíblia
- Anel
- Agulha e linha de várias cores
- Balas de hortelã
- Absorventes
- Canetas para assinatura
- Copos de água descartáveis
- Remédios para dor de cabeça e enjoo
- Pétalas
- Uma bolsa dourada e outra prateada que pode ser emprestada eventualmente para a mãe
- Dinheiro para pagamentos extras e do estacionamento
- Texto que os pais e a debutante lerão

## 7.4 Checklist para a festa de 15 anos

- Lista de convidados
- Lista de fotos
- Lista de mesas reservadas
- Lista de músicas para o DJ
- Adereços na pista de dança

- Presentes para os 14 pares de amigos
- Presente do rapaz escolhido para representar os amigos
- Presente para os homenageados
- Buquê de homenagem à mãe
- Lembranças dos convidados
- Chinelos ou sandálias
- Guloseimas
- Livro de assinaturas ou de fotos
- Banners ou quadro de assinaturas
- Sacolas para os eventuais presentes
- Etiquetas para identificar os presentes
- Prismas de mesa
- Guardanapos
- Cola, tesoura, absorventes, remédios, primeiros socorros, canetas
- Maquiagem e grampos de cabelo
- Texto da debutante
- Texto do mestre de cerimônias
- Roteiro para o DJ e roteiro da festa

# oito

## Contratação

No momento da contratação deve ficar bem claro o valor total, o modo de pagamento e o que está incluso no serviço.

Segue uma lista de todos os itens necessários e serviços que podem ser contratados para a realização de um evento social, dependendo do que os anfitriões desejarem.

- Igreja
- Salão de festa
- Cerimonialista
- Coreógrafo
- Mestre de cerimônias
- Sonorização
- Iluminação
- Tela
- Gelo seco
- Refletores
- Iluminação de pista
- Iluminação decorativa
- Efeitos especiais (laser, fogos)

- Buffet (coquetel, almoço ou jantar, miniporções, frios, entre outros)
- Bebidas alcoólicas
- Bolo e doces
- Trufas
- Guloseimas
- Mesas para bolo, doces, lembranças, chás, frios, trufas, convidados
- Toalhas
- Guardanapos
- Sousplat
- Lembranças
- Convites
- Adereços na pista de dança
- Chinelos ou sandálias
- Decoração floral da igreja
- Decoração floral da festa
- Paisagismo
- Banners
- Móveis
- Cadeiras
- Prismas de mesa
- Fotografia
- Filmagem
- Videoclipe
- Transmissão simultânea
- Edição ao vivo
- Roupas
- Maquiagem
- Cabeleireiro
- Dia da noiva
- Hotel
- Carro da noiva
- Seguranças
- Noite de núpcias
- Lua de mel

# nove

## Recepcionistas

O serviço dos recepcionistas é imprescindível e deve estar sincronizado com os demais serviços de um evento. Ao lado do mestre de cerimônias ou cerimonialista, esses profissionais determinarão os passos de um evento.

O uniforme deve ser impecável e o uso do crachá é de fundamental importância para que eles possam ser identificados em meio aos convidados. Também faz parte da imagem de recepcionistas, no caso de serem mulheres: os cabelos, que devem estar presos; as unhas, que devem ser feitas e pintadas de cores suaves; a maquiagem, que dá o visual; e os acessórios, como brincos, anéis, pulseiras e colares, que devem ser sempre discretos. De homens recepcionistas, espera-se: cabelos curtos, unhas limpas, barba feita e apenas um relógio como acessório.

Estimam-se dois a três recepcionistas para cada cem pessoas. Se precisarmos contratar mais recepcionistas além dos já existentes na equipe, devemos treiná-los de acordo com o tipo de evento. Quando nos referimos a treinamento, queremos pedir que eles tomem as seguintes atitudes:

- não abandonar sua posição sem solicitar substituição;
- manter postura, independentemente de estarem de pé ou sentados;
- posicionar-se com as mãos à frente do corpo (em formato de concha, para mulheres) ou com os braços para trás, nunca de braços cruzados;
- não conversar com os participantes assuntos que não sejam pertinentes ao evento;
- não mascar chicletes;
- não paquerar;
- esforçar-se para solucionar dúvidas;
- não tirar os sapatos em público;
- não rir quando alguém cair;
- ser educado e paciente;
- ter iniciativa e ser simpático;
- não beber nem fumar em público.

Acima de tudo: educação, competência e profissionalismo; afinal, o evento é o seu local de trabalho e o ambiente social para os convidados.

## 9.1 Principais atribuições dos recepcionistas na cerimônia religiosa

### 9.1.1 Nos casamentos e nas bodas

Nos casamentos, um dos recepcionistas fica responsável por auxiliar a noiva na sessão de fotos dentro do carro, ajudá-la também a sair do carro, posicioná-la atrás da porta da igreja e arrumar o seu véu e grinalda, além de orientá-la a como segurar o buquê na posição correta. Outro ficará por conta do cortejo ao lado do cerimonialista, arrumando os casais de padrinhos, os pais e as crianças de acordo com a sequência escolhida pelos noivos.

Durante a cerimônia, esse outro recepcionista ajuda na arrumação das crianças no altar, assim como estica o véu e a cauda da noiva sempre que precisar. Na sessão de fotos, ao término da cerimônia, ele se encarrega de colocar os pais e noivos na posição correta e depois incluir as crianças na foto. Os recepcionistas podem ficar responsáveis por receber as alianças e arrumar a cestinha ou almofadinha e os buquês das crianças.

Nas bodas eles orientam a ordem de entrada e saída da família, filhos, noras, genros e netos.

Em ambos os eventos o trabalho em conjunto com os demais profissionais é de suma importância, seja dando sinal para quem está na sonorização ou música ao vivo, seja orientando as equipes de foto e filmagem. Essa sequência só sairá perfeita se as pessoas se dirigirem à nave de acordo com as respectivas músicas.

### 9.1.2 Nas festas de 15 anos

Os recepcionistas devem chegar com uma hora de antecedência e se informar sobre o planejamento do evento, isto é, se o evento terá os 14 pares de amigos ou não, se a aniversariante tem pai, mãe e irmãos, além de ajudar na arrumação dos casais, distribuição dos itens das damas e aniversariante.

Na cerimônia católica podemos encontrar ainda uma bíblia, que será entregue durante a missa, e um anel, que será dado pelo pai, avô ou padrinho. Esses itens devem ser conferidos para saber se ninguém se esqueceu de levá-los.

Arrumar os casais em ordem, conforme estipulado no cerimonial, colocando as meninas do lado direito dos meninos. Logo depois é a hora de arrumar os irmãos (se a aniversariante tiver) e providenciar a entrada da aniversariante, que pode ser junto com os pais ou depois deles, entrando sozinha. Tanto a entrada quanto a saída desse cortejo são orientadas pelos recepcionistas para que o espaço entre um casal e outro não fique diferente.

Caso sejam feitos missais,* o recepcionista também ficará responsável por sua entrega.

## 9.2 Principais atribuições dos recepcionistas na festa

### 9.2.1 Recebimento dos convites

É uma função de grande responsabilidade. O convidado que porventura tiver esquecido o convite não deve ficar constrangido. Com a lista de convidados, o recepcionista confere o nome e faz sua liberação. Caso o nome não conste da lista e ele não tenha trazido o convite, aí, sim, teremos de nos dirigir aos anfitriões. Cabe a eles decidirem liberar o convidado ou não.

Às vezes, mesmo de posse do convite individual, a ordem é olhar a lista. É comum, nas festas de 15 anos, jovens que não foram convidados pegarem o convite de outro jovem cujo nome certamente esteja na lista.

A presença de um segurança nesse momento pode ajudar a inibir um pouco esse fato. A lista deve estar em ordem alfabética e impressa em papel especial ou presa em uma prancheta. Não se esqueça das canetas. Elas podem falhar, por isso tenha mais de uma por perto.

### 9.2.2 Etiquetagem de presentes

Os presentes devem ganhar etiquetas com o nome do convidado que lhes ofertou. Para que essa função, demonstre organização: as

* Livros usados para acompanhar a missa, com as leituras do celebrante.

etiquetas devem ter o mesmo tamanho e várias canetas devem estar por perto, como na função anterior.

### 9.2.3 Condução de convidados às mesas reservadas

Os convidados devem ser encaminhados pelo recepcionista às mesas reservadas. Para que nada dê errado, os prismas têm de estar em cima das mesas, virados para a porta de entrada, e o recepcionista deverá ter um mapeamento do local na mão. Podem ser todas as mesas ou apenas algumas. Se forem todas, é preciso haver grande quantidade de recepcionistas para que os convidados não esperem muito.

E se sentarem à mesa errada? E se o recepcionista não perceber a tempo?

É constrangedor abordar um convidado que esteja sentado em uma mesa reservada que não seja a dele, mas é mais constrangedor ele não respeitar a organização e o planejamento do anfitrião. Não tenham vergonha de abordá-lo, pois ele não teve vergonha de se posicionar no lugar errado. Mas lembrem-se: educação em primeiro lugar; o recepcionista nunca deve perder a postura, ainda que um convidado não se porte com educação.

Em casos extremos, chamem o cerimonialista e ele poderá chamar até os anfitriões, se for o caso.

### 9.2.4 Circulação do livro de assinaturas ou book de fotos

Pode parecer desgastante, mas é uma recordação que fica para o resto da vida do anfitrião. É preciso informar ao convidado que ele está se alongando, desfolhando todo o livro de assinaturas ou book de fotos; afinal, existem outros convidados para assinar.

Nos casamentos, passamos uma agenda com endereço, telefone, e-mail ou nome para busca em rede social, para depois o casal agradecer o presente recebido e a presença. Essa agenda fica como a agenda nova para a casa do casal.

É importante ficar atento ao livro de assinaturas ou book de fotos, não deixar que ele se perca ou que não seja assinado por alguém, o que é muito provável, uma vez que as pessoas dançam e se deslocam durante o evento. O que pode ser feito é, na saída, esse caderno ficar à vista para ser preenchido pelos que não o fizeram.

### 9.2.5 Assessoria aos convidados

Fazer assessoria aos convidados é mais um ponto fundamental, pois, além de eles se sentirem acolhidos, podem precisar de itens como: absorventes, agulha e linha, primeiros socorros, uma bebida diet ou um tipo de comida diferenciada para um convidado, um táxi, entre outros.

Essa assessoria pode ser feita duas ou três vezes durante o evento, por exemplo: durante o coquetel, durante o jantar e antes do término do evento. O ideal é que seja feita por recepcionistas diferentes, para provocar o revezamento.

Eles podem abordar as mesas dizendo: "Boa noite, sou o recepcionista do evento, (pronunciar o seu nome), e gostaria de saber se vocês estão precisando de alguma coisa." Nesse momento também podem ser distribuídos cartões da empresa de cerimonial, caso seja permitido. Lembre-se: a melhor propaganda é a qualidade na prestação dos serviços durante o evento.

### 9.2.6 Assessoria à equipe de fotos e filmagem

Esse tipo de assessoria torna o trabalho mais homogêneo e acelerado, não tomando muito o tempo do anfitrião em uma mesma tarefa. Já existem diversas outras atribuições para ele na festa, cuja duração é de apenas quatro ou cinco horas, dependendo do contrato.

Por isso, o anfitrião elabora previamente uma lista de fotos a serem tiradas. A lista é entregue ao cerimonialista e as fotos acontecem durante o evento, com horário preestabelecido – em geral no início, momento em que as pessoas ainda não estão cansadas, suadas ou dispersas e sem maquiagem. É o recepcionista quem ajuda a localizar essas pessoas.

Sempre há resistência por parte de algum convidado que está conversando, dançando ou bebendo. Mas o recepcionista deve aguardar próximo a ele, pois, sem dúvida, adiantará o processo das fotos.

### 9.2.7 Distribuição de lembranças ao término do evento

Essa distribuição é também função do recepcionista, mas deve-se respeitar o que está no planejamento, elaborado normalmente entre o cerimonialista e o anfitrião. Talvez as lembranças sejam só para as mulheres, uma por família ou ainda para todos os convidados.

- Nos casamentos e bodas é costume dar apenas os bem-casados, na saída. Mas pode haver outros tipos de lembranças, como aromatizantes, balas de amêndoas e outras que podem ser criadas com o passar do tempo. É importante ler o planejamento, pois nem sempre todas são distribuídas da mesma maneira. Às vezes, quem ganha uma lembrança não ganha outra; enfim, é mais um desafio para o recepcionista.

- Nas festas de 15 anos acontece a mesma coisa. É necessário conferir o que foi feito, a quantidade e o modo de distribuição.

Esse é o momento final da festa, em que todos estão cansados e alguns até alcoolizados, mas cabe ao recepcionista bastante simpatia e alegria na despedida. Sempre aparece um convidado que pega mais de uma lembrancinha sem pedir. Quando for possível solicitar a devolução, faça. Se notar intransigência, não insista.

### 9.2.8 Arrumação ou reposição de itens das mesas de doces, chocolates e guloseimas

Fica muito feia a mesa desarrumada, com excesso de forminhas vazias, doces mordidos que não foram consumidos por inteiro ou colheres com gotas de café sujando a mesa. O garçom pode não conseguir arrumar tudo sozinho, então o recepcionista pode ajudar na reposição ou no recolhimento das bandejas vazias. O convidado que for à mesa depois merece ver a mesma arrumação que os convidados anteriores.

### 9.2.9 Acompanhamento do casal de noivos ou da debutante na sessão de fotos e no camarim

Ao chegar da cerimônia religiosa, os noivos posam para fotos no jardim ou nos ambientes do evento. O apoio do recepcionista nesse momento, ajudando a arrumar a cauda e segurar o buquê para que a noiva possa posar para as fotos, agiliza a sessão. Em seguida, os noivos podem entrar no salão ou ir para o camarim fazer uma refeição.

Contar com a assistência de recepcionistas sempre por perto torna o trabalho do cerimonial de grande valia.

### 9.2.10 Auxílio à debutante na troca de roupa

Minutos antes do horário previsto para o cerimonial da meia-noite, a debutante se recolhe para a troca de roupa, penteado e acessórios. Nesse momento, então, é requerida a presença de um recepcionista a fim de ajudar os outros profissionais. Além disso, ele pode levar algo para a debutante comer e beber. É o momento indicado para confirmar a presença de todos que estão inscritos para homenagens e valsas do cerimonial.

### 9.2.11 Distribuição de acessórios durante a festa

O momento das sandálias, chinelos e adereços na pista de dança é mais um desafio para o recepcionista, que adentra a pista de dança e é quase derrubado pelos convidados que ansiosamente querem de tudo um pouco. Uma opção para a distribuição de sandálias ou chinelos é fazer o vale-conforto e entregá-lo no começo da festa. Fica mais organizado.

### 9.2.12 Ajuda no cerimonial da meia-noite nas festas de 15 anos

No cerimonial da meia-noite, os recepcionistas completam os serviços ajudando a entregar as homenagens às mulheres ou aos homens que dançaram.

Eles podem ajudar também na entrega do microfone para algum parente falar ou em outras particularidades escolhidas pelos anfitriões.

*dez*

# Mestre de cerimônias

Esse profissional trabalha em parceria com o cerimonialista. Eu, por exemplo, ocupo as duas funções, mas o cerimonialista que não demonstrar habilidade para falar em público deve contratar um mestre de cerimônias.

As principais qualidades do mestre de cerimônias são boa dicção, capacidade respiratória regular, memória considerável, desinibição, boa apresentação pessoal, criatividade, expressão corporal, ritmo na voz e jogo de cintura para lidar com os imprevistos.

Se ele não tiver conhecimento sobre precedência e roteiro, o script pode ser elaborado pelo cerimonialista. Basta que ambos treinem em parceria com o DJ. Em um segundo momento, mais profissionais deverão estar envolvidos, como recepcionistas, equipes de filmagem e fotografia, iluminador, operador de telão e gerente de alimentos e bebidas.

O script deve ser escrito em caixa-alta e o corpo da letra mínimo precisa ser 16. Para apoio dos papéis, que devem ser em formato de fichas, o mestre de cerimônias utiliza a tribuna, muitas vezes confundida com púlpito.

A tribuna é o local em que o mestre de cerimônias apresenta o evento e deve estar do lado esquerdo do salão, com as costas para o palco e a frente para o público. A tribuna ajuda a esconder um pouco o visual do mestre de cerimônias, as pernas, as mãos, e serve de apoio a papéis, água e iluminação, se necessários. Já o púlpito é o local de pregação dos pastores e padres.

Todo o script deve ser lido em voz alta, para treino, e antes do momento exato do cerimonial devem ser conferidos todos os nomes, suas pronúncias, se houve alguma alteração no roteiro e se todas as pessoas convidadas a participar do cerimonial se encontram presentes.

# Quando pensamos ter visto tudo...

Nos relatos a seguir não foram identificados nomes nem lugares, uma vez que o objetivo é retratar, para os leitores, algumas experiências. Para os futuros profissionais é um manual de dicas sobre o que eles podem ou não fazer em determinadas situações.

## 11.1 Medalhão

Organizei um bar-mitzvá em que o pai do aniversariante me pediu para sentar à mesa com mais quatro garçons e fingir que estávamos cortando um bife. Ficamos repetindo esse gesto de corte com garfo e faca, sem termos pratos nem talheres, apenas porque ele queria ver se seis pessoas à mesa provocariam o bater de cotovelos dos convidados.

Para evitar tal constrangimento, basta saber a medida para determinar a quantidade correta de pessoas em cada mesa. Quando o tampo da mesa medir 1,20 m, calculam-se seis pessoas; 1,40 m, oito pessoas; 2,10 m, vinte pessoas.

## 11.2 Roupa trocada

Certa vez um cliente disse que me esperaria no local do evento para um orçamento e que estaria vestido de cinza com branco. Fiquei alguns minutos esperando até que o maître me chamou para ir à mesa dele. Ao encontrá-lo, ele estava de jeans e camisa vermelha. O cliente educadamente disse que era para testar a minha paciência ao esperá-lo.

Isso de fato pode acontecer, mas é desnecessário. Uma questão faz-se importante: o profissional de eventos deve ser pontual e ter paciência para esperar o cliente por, pelo menos, trinta minutos sem comunicação.

## 11.3 Madrinha de última hora

Duas primas trabalhavam juntas e isso não era permitido pela empresa. Uma delas ia se casar e queria muito que a outra fosse madrinha. Como o parentesco entre as duas era segredo, elas me pediram para dizer, na hora da cerimônia da igreja, que uma das madrinhas havia faltado e que eu precisava escolher alguém entre as convidadas na igreja para representá-la. Como eu já conhecia a referida prima, o convite foi feito e aceito na hora. Afinal, o que as amigas de trabalho pensariam se vissem apenas uma escolhida meses antes?

Além de cerimonialistas e responsáveis pela organização do evento, muitas vezes somos cúmplices dos anfitriões com relação a alguns segredos familiares. Tudo o que pudermos fazer para ajudá-los, sem comprometer a nossa integridade, deve ser feito.

## 11.4 Dois casamentos no mesmo dia

Eram casamentos diferentes: um no Rio de Janeiro, de uma amiga de infância, à tarde, no qual eu seria a cerimonialista da igreja. Outro em Belo Horizonte, de um primo, à noite, do qual eu seria a madrinha.

Ao término do primeiro casamento fui para o aeroporto, desfilei de longo e sapato alto pela pista de voo e ainda cheguei antes de todos os convidados. Muita emoção em um dia só.

Aconselho a participar de dois eventos no mesmo dia apenas como convidado. Uma equipe bem engajada também pode dar suporte, mas o cliente talvez só tenha confiança no sucesso do evento se o cerimonialista estiver presente.

## 11.5 Transporte de vestido de noiva de uma cidade para outra

Nunca poderia imaginar tanta responsabilidade. E se acontecesse alguma coisa comigo durante a viagem? Como casaria essa noiva? Deu tudo certo, por sorte.

Certos favores são feitos única e exclusivamente por uma grande amiga. Não se comprometa se você for apenas o cerimonialista do evento.

## 11.6 Apagar das luzes

Por problemas de saúde sucedidos com sua mãe, uma noiva chegou à igreja com uma hora e meia de atraso; assim, a festa começou com duas horas de atraso. As equipes do salão e do buffet não foram corteses e a festa acabou no horário estabelccido no contrato, com duração de apenas duas horas. Nunca fiz uma festa de casamento tão rápida: coquetel, jantar, cortar o bolo, liberar a mesa dos doces, distribuir as lembranças...

Não se deve estragar o encanto de um evento único por falta de compreensão dos contratados. É desumano e falta de respeito não ouvirmos cada caso. Para evitar tal constrangimento, esses casos podem estar previstos no contrato.

## 11.7 Famílias separadas

"Favor reservar a mesa da minha sogra bem distante da mesa da minha mãe."

Alguns casamentos já começam com discórdias em família, como é de lamentar. A responsabilidade acaba recaindo sobre o cerimonialista, que se vê questionado por membros da família sobre seu posicionamento no salão. Precisamos ter desenvoltura para responder rápido e sem causar mágoa. Mas é triste que uma união entre famílias comece assim.

## 11.8 Doces para a sogra, não!

Fui instruída por uma noiva a não entregar o kit da sogra em seu casamento, o que causou constrangimento quando ela viu o da mãe da noiva e veio me questionar. Nesses casos, o noivo nem costuma interferir.

O papel de cerimonialista às vezes é encarar situações embaraçosas, mas não se pode desautorizar os noivos jamais.

## 11.9 Atraso do padre

Eram comemorações de bodas de prata na época em que ainda não havia celular. O padre chegou com uma hora e meia de atraso, olhou para mim e disse: "Dizem que a noiva atrasar é chique. O padre, então, é chiquérrimo!"

O que responder? Nada. Nesse caso, se alguém deve questionar ou dizer que não gostou da atitude é quem o contratou.

## 11.10 Não tem meu número?

Uma convidada da noiva, muito bem vestida e elegante, abordou-me aos gritos: "Como você não tem uma sandália tamanho 40 para mim? Que absurdo!" Mesmo assim, pedi desculpas com toda a delicadeza.

O mais importante nessa situação é ser gentil; afinal, quem escolhe a quantidade e os números é o cliente, de acordo com sua lista. As opções são perguntar o número de calçado a cada mulher convidada ou fazer uma estimativa (que, com certeza, não agradará a todos). Nosso papel é auxiliar o cliente, inclusive com as ligações ou e-mails.

## 11.11 Vamos nos abanar

Já distribuí leques em uma igreja antes da cerimônia religiosa, pois estava muito quente e a igreja tinha poucos ventiladores. Alguns convidados não entenderam ao receber, mas depois gostaram.

Criatividade e respeito aos convidados são fatores muito interessantes. Oriente seus clientes para essa eventual compra se a igreja não tiver ar-condicionado e o evento ocorrer em época de verão intenso.

## 11.12 Noiva do lado errado

Fui testemunhar o casamento de uma amiga em uma igreja que não pemitia entrada de cerimonial de fora. Para minha surpresa, a senhora que coordenou todo o cortejo colocou a noiva entrando do lado esquerdo do pai. Ao questionarmos, ela disse que eram ordens da igreja. A noiva, por sua vez, preferiu acatar as ordens para não se aborrecer.

É difícil presenciar um erro e não poder fazer nada, mas, quando somos apenas convidados, não cabe nossa intromissão.

## 11.13 Não encostem na porta!

As igrejas têm suas regras e precisamos entendê-las antes de dar início a nosso trabalho. Em uma dessas igrejas, no Centro do Rio de Janeiro, fui impedida de tocar na porta e abri-la para a noiva. O intuito era tão somente ajudar, pois portas de igreja em geral são pesadas. A razão do impedimento, porém, é que havia uma única pessoa da igreja encarregada de tal função e detentora desse acesso. Uma vez, um desses encarregados saiu correndo para abrir a porta e derrubou duas colunas de flores. Nesse momento, então, ele precisou de ajuda e logo olhou tanto para mim quanto para meus recepcionistas. Enquanto ele levantava o arranjo, eu acalmava a noiva com o atraso; pela primeira vez, enfim, consegui abrir a porta daquela igreja.

O respeito deve ser prioridade, em particular às normas encontradas nos lugares onde vamos trabalhar. Mas, além do respeito, o espírito de equipe é fundamental, uma vez que todos os contratados têm o mesmo objetivo: o sucesso do evento.

## 11.14 Não mexam nas cadeiras!

Em outra igreja do Centro do Rio de Janeiro não pude tocar nas cadeiras do altar para retirar duas que estavam sobrando de cada lado. Ouvi: "O que você está fazendo? Ninguém toca nas minhas cadeiras!" Seria pecado? Eu estava apenas fazendo o meu trabalho...

Mais uma vez repito o que já escrevi: além do respeito, o espírito de equipe é fundamental para que alcancemos o sucesso do evento. Nesse caso, é importante respeitar as normas do lugar.

## 11.15 Ritual de jogar as pétalas

Quando me casei, as pétalas estavam inclusas no contrato da igreja. Aproveitei, no ato do fechamento do contrato, para dizer a cor que desejava e fui surpreendida quando o responsável me disse: "Está incluído o ato de jogar as pétalas. As pétalas você traz." Pensei que era piada e disse: "Então vou precisar trazer o sino, pois deve estar incluso o ato de badalar."

Não era piada. Como era possível um contrato tão subjetivo para uma cerimonialista? O que eu deveria pensar? Justo na minha vez... E o contrato ainda por cima era orçado em cruzeiros, quando já estávamos no real há mais de dez anos.

Todo contrato deve estar escrito em minúcias para não haver surpresas, independentemente do que for contratado e de quem estiver como contratante.

## 11.16 Corram que está chegando "a hora"

Já precisei montar eventos completos em menos de quatro horas, uma vez que o clube escolhido pelos noivos para a festa oferecia almoço aos associados até 16 horas. A equipe estava apta, mas foi uma correria só! O casal sonhava realizar sua festa naquele lugar, mas para nós se tornou quase um pesadelo.

Se você sabe que sua equipe tem capacidade de providenciar a montagem em tempo hábil, aceite organizar o evento. Se você está começando a trabalhar como cerimonialista, vá devagar. Comece por eventos menores e com o maior tempo de montagem possível.

## 11.17 Pausa para fotos

Já trabalhei com fotógrafos que não tinham experiência em fotos de casamento, mas eram profissionais conhecidos da família ou tinham o preço adequado para os noivos. Houve situações de sufoco quando a música da igreja era tocada por som mecânico e o fotógrafo pedia que cada casal de padrinhos parasse no tapete vermelho diversas vezes. Fazia-se uma rápida mixagem na hora para que os casais não desfilassem sem música.

Dica para o sucesso: tenha várias edições do mesmo CD para facilitar o trabalho ao vivo e tente conhecer e apresentar o roteiro a todos da equipe previamente, para tentar evitar esse tipo de imprevisto.

## 11.18 Ela caiu!

Já houve casos de debutantes que caíram ao descer do palco. Umas por não conseguirem se equilibrar na escada com o salto muito alto e outras por não enxergarem nada em razão da fumaça de gelo seco. Nós sempre avisamos que é preciso esperar a fumaça abaixar para ver os degraus da escada.

Os recepcionistas devem estar a postos para levantar a debutante, e não rir da situação. Outro fator significativo é uma edição de vídeo perfeita para eliminar essa imagem, caso todos estejam de acordo.

## 11.19 Com um artista famoso

Tive a oportunidade de realizar, no começo da carreira, a festa de 15 anos da prima de um artista famoso e talentoso no antigo e luxuoso Automóvel Clube do Brasil. Imaginei que ele nem apareceria no evento, mas ele foi. Ficamos lado a lado apresentando o baile e conversando sobre nossas experiências, e ele foi muito simpático.

Se você precisar trabalhar com algum artista, aja com naturalidade e faça o possível para que o seu anfitrião continue sendo a pessoa mais importante do evento.

## 11.20 Luva de bruxa

É comum o uso de luvas apropriadas para o manuseio da máquina de fumaça. Tínhamos sempre a mesma parceria e costumávamos combinar olhares e frases como dica para o início da fumaça.

Certo dia, ao olhar para o operador da máquina, percebi que ele usava uma luva de bruxa, verde limão com unhas pretas. Para não me desconcentrar no momento mais solene, que é a entrada da debutante, saí andando e discursando. Ele não entendeu nada e veio atrás de mim, pois esperava o olhar combinado. Somente ao término da minha fala consegui olhar para ele, que então jogou a fumaça. Deu tempo certo. Após o primeiro jato, eu o interpelei e ele me disse que as luvas comuns haviam rasgado; como não havia tempo para comprar outras, trouxe as da fantasia de bruxa da filha. Quase me desconcentrei.

Para o mestre de cerimônias, a concentração e o desembaraço na improvisação são essenciais. O cerimonial precisa continuar e o roteiro deve ser respeitado. Contrate mestres de cerimônia com experiência.

## 11.21 Como lidar com desmaios

Em dois cerimoniais de festas de 15 anos presenciei o desmaio de pessoas que estavam sendo homenageadas. Sem saber o que fazer, olhei para o recepcionista e pedi que perguntasse aos pais se deveria interromper o cerimonial. Em ambos os casos eles pediram para dar continuidade. Estranho, mas ordens são ordens.

A melhor saída é não tomar a decisão sozinho. Às vezes, o que você acha ser o melhor a fazer é oposto à ideia do seu cliente.

## 11.22 Concorrência pode?

O pai da debutante era diretor de uma marca de chocolates e eu não sabia. Ninguém me informou. Quando arrumamos a mesa de guloseimas, havia vários chocolates de uma marca concorrente. Ele quase gritou quando viu, mas depois se acalmou, justificou e pediu de modo educado para retirarmos tudo. Ufa!

Nunca quis entrar no mérito das profissões dos anfitriões, mas talvez seja uma boa ideia.

A transparência com o cliente é fundamental. Em casos como esse, cabe ao anfitrião deixar claro o que não pode ser feito no evento, para não errarmos.

## 11.23 Solta o braço!

Muitos pais acabam se emocionando bastante durante a cerimônia religiosa do casamento da filha e se esquecem de largar o braço dela para encaminhá-la ao noivo. Ficam ali, paralisados. Nesse momento, eu sempre chego perto para retirá-los do local e pedir que fiquem ao lado da esposa, no altar.

Esse é outro tipo de imprevisto possível, porém o ensaio é o momento certo de explicarmos tudo o que pode acontecer. Mais uma vez, é necessário prever o imprevisto. De qualquer maneira, esteja sempre atento.

## 11.24 Isso é hora de ir ao banheiro?

Em tantos anos de experiência, apenas uma noiva teve vontade de ir ao banheiro quando estava na porta da igreja. O padre, então, não esperou e começou a cerimônia. A noiva entrou sem música, chorando ao lado do pai, minutos depois.

Por que tanta pressa? Por que não respeitar o momento mais emocionante e marcante de uma noiva? Fico me questionando até hoje. O padre não deu atenção nenhuma para o recepcionista que lhe informou o ocorrido.

Se na igreja a autoridade máxima é o padre, não questione suas ações. Lamente e tente contornar a ansiedade ou a tristeza dos contratantes.

## 11.25 O sumiço do recepcionista

Procuramos por todo o salão, banheiros e estacionamento, sem encontrar o recepcionista. O celular estava fora de área, mas ir embora estava fora de cogitação; era madrugada e ele iria embora comigo. Quase meia hora depois ele apareceu. Estava consertando o salto que descolou do sapato de uma convidada, e fez isso no box do banheiro para que nenhum convidado a visse sem o salto. A senhora estava muito envergonhada.

Nunca podemos desconfiar de alguém que faça parte da nossa equipe; afinal, se trabalhamos juntos é porque confiamos uns nos outros. Pergunte primeiro e não mostre desconfiança.

## 11.26 Pastilhas de chocolate ou camisinhas

Envelopes com pastilhas de chocolate estavam arrumados sobre a mesa de trufas. Elas eram de sabor morango, menta e laranja, e sua disposição fazia um efeito dominó bem bonito. De longe pude perceber um recepcionista colocando algumas no bolso. Fui me aproximando e, para minha surpresa, ele não se intimidou, continuou. Como assim? Jamais levamos nem pegamos nada do cliente.

Com toda naturalidade e tranquilidade, ele me disse: “Esses jovens não são fáceis. Você percebeu?” Achei que estávamos falando de coisas diferentes, e estávamos! Ele, na sua inocência, mas no exercício de sua profissão, estava recolhendo diversos envelopes de camisinhas que se misturaram na mesa dos chocolates por brincadeira de alguns adolescentes. Seus bolsos ficaram cheios. Melhor seria se ele tivesse recolhido com a ajuda de uma bandeja, para evitar que outras pessoas o julgassem como eu fiz, mas ainda bem que ele enxergou as camisinhas. Quanta eficiência!

Assim como no caso anterior, nunca podemos desconfiar de alguém que faça parte da nossa equipe. Além disso, se você pode resolver o caso, não acione os anfitriões. Ao término do evento pode até comentar com eles, mas o mais importante de tudo é resolver o incidente.

## 11.27 Estou de chinelo, sim. Por quê?

Tive um cliente que foi ao escritório conversar sobre um evento trajando chinelo e short, bem despojado. Ao sentar ao lado da filha e esposa, ele não parecia satisfeito por estar ali. Quando terminei de mostrar tudo e apresentar um orçamento, ele relaxou, sorriu e disse: “Com essa eu vou fechar! Ela não perguntou se eu desejava uma festa para rico, classe média ou pobre. Não fez distinção porque eu estou de chinelo. Você sabe quem eu sou?”

Eu não sabia quem ele era, mas fiquei feliz por fechar o evento independentemente de seu cargo. O que importa é a satisfação do cliente. Tratem todos de modo igualitário e humano, sem pré-julgamentos.

## 11.28 Coque de redinha

Certa vez um cliente exigiu que as recepcionistas usassem coque com redinha e lacinho. A reação delas foi surpreendente, mas gostamos tanto do resultado que depois usamos em vários outros eventos.

Se o que o cliente solicita não agride nossos costumes e nossa imagem, não custa nada ousar ou inovar.

## 11.29 Já está na hora do brinde?

Trabalhei em muitos eventos nos quais a equipe de garçons, embora alertada com bastante antecedência sobre o brinde da debutante com os pais, sempre atrasava no momento do parabéns durante o cerimonial. Às vezes a música do parabéns tocava toda e só depois eles chegavam com as taças. Para evitar que isso acontecesse, passei a colocá-los de plantão no início do cerimonial.

Qualquer tipo de imprevisto pode acontecer, mas, caso se repita com frequência, troque a equipe. Se a equipe não for sua, coloque alguém de sua confiança para assessorá-la, a fim de que seu trabalho de cerimonial não "herde" erros de outra equipe.

## 11.30 À francesa ou à inglesa?

Sempre que optávamos por jantar nos eventos de determinado clube, trabalhávamos com o tipo de serviço em que o garçom se aproximava de cada convidado e servia um por um à mesa, com todo *mise-en-place*. Nada mais era do que o serviço à inglesa direto, que o maître do local insistia a cada evento de chamar de serviço à francesa.

Nem todos os anfitriões ou convidados são obrigados a conhecer os tipos de serviços de buffet, mas, para a equipe de alimentos e bebidas de um evento, saber distinguir é essencial. Todos devem ser especialistas no que trabalham. Amadores são imperdoáveis quando trabalhamos com eventos de periodicidade única.

## 11.31 Centavos ou euros?

Uma noiva brasileira estava se casando com um estrangeiro e, como iam morar na Europa e não podiam fazer lista de presentes, eles optaram por cotas de presente. Nessa opção, o cerimonial informava aos convidados o valor dos centavos equivalente ao seu nome, para o referido depósito.

Esses centavos eram para indicar o valor nominal depositado pelos convidados. Para que tanto detalhe? Será que os convidados não ficaram constrangidos com isso? E a minha função de informar? Fazemos de tudo um pouco...

Existem várias maneiras de orientar os anfitriões na concretização de algumas de suas ideias. É fato que nem todos desejam ouvir nossa experiência, eles preferem arriscar no seu sonho.

## 11.32 Foi uma "videocassetada" ou uma cassetada do cameraman?

O arranjo era lindo e estava no beiral do palco, até ser derrubado pelo fio do cameraman que, ao olhar para o que havia acontecido, não viu as escadas do palco e rolou escadaria abaixo. Por sorte, outro cameraman estava presente e deu continuidade ao cerimonial.

Foi imprevisto ou falta de atenção? Talvez os dois. Existem diversos acontecimentos imprevisíveis em um evento e a nós só resta solucionar os fatos.

## 11.33 Disjuntor amigo

Era unicamente o disjuntor do clube, mas desarmava quase sempre na hora do cerimonial e demandava muita desenvoltura para tudo voltar ao normal.

Era uma grande sobrecarga. Tudo funcionava quando apenas o som era testado, mas a queda de energia era certa quando se acendiam as luzes decorativas, ligavam a iluminação do cameraman, carregadores, tudo junto.

Cabe aos cerimonialistas fazerem uma reunião com toda a equipe de trabalho no local do evento. Nessa primeira reunião, é importante que as equipes de som, decoração, foto e filmagem estejam presentes para conhecer as instalações.

## 11.34 Surpresa de criança

Meu sobrinho Júnior fez uma surpresa no meu casamento e cantou a música *Epitáfio*, dos Titãs. Ele tinha apenas 9 anos, mas já tocava guitarra e adorava cantar. Estava tudo lindo e dentro do esperado quando ele resolveu, ainda no palco e com o microfone na mão, dizer: "Cadê a minha grana?" Todos riram muito e eu amei a surpresa.

Crianças são muito sinceras e espontâneas. Estejam atentos quando fizerem parte de qualquer cerimonial, pois elas podem surpreendê-los.

## 11.35 Nessa época não se falava em gerador

Era década de 1980, mês de janeiro e chovia muito, mas os convidados estavam todos presentes. A mãe da aniversariante era dona de um buffet e tudo corria bem. Quando subi ao palco para dar início ao cerimonial, faltou luz. Estava muito quente e não havia velas.

A luz só voltou às duas da manhã. Nesse momento, convidados começaram a se levantar e apenas cinquenta, do total de duzentos, ficaram para o cerimonial reduzido e corte do bolo. Os doces não foram servidos por ausência de convidados. No dia seguinte, a festa continuou com uma reunião na casa da cliente. Muito triste.

Por sorte, estamos evoluindo na indústria dos eventos, pois só assim podemos oferecer cada vez mais qualidade e tranquilidade aos nossos clientes. É fato que, a cada diferencial oferecido, o cliente paga determinado valor. Cabe a ele decidir o que contratar, aceitando ou não os riscos.

### 11.36 Entrada de noiva que perdeu os pais

Algumas noivas ficam muito tristes com a ausência de seus pais. Ajudei no cerimonial de um casamento, no qual também fui madrinha, e a noiva acreditava que, em algum lugar ali, seu pai estaria por perto. Ela entrou sozinha, sorrindo muito, cantando em inglês e até jogou um beijo com a mão para o noivo, que já estava no altar. Fiquei muito emocionada.

Quando se trata de noivas que perderam os pais, é preciso respeitar o desejo de cada uma. Podemos dar sugestões, mas a decisão final deve ser dela e de mais ninguém, nem de alguém da família. Além de casamento ser um evento exclusivo, a entrada da noiva é um momento único, mágico e indescritível. Só quem já vivenciou pode testemunhar.

### 11.37 Tinha pai, mas não entrou com ele

O pai não fez parte da história de vida da noiva, tendo reaparecido meses antes do casamento. A noiva, então, optou por entrar sozinha, com o pai no altar ao lado da mãe. "Se alguém tivesse de entrar comigo, seria minha mãe, que me amparou durante todos esses anos", ela disse.

Esse é outro caso idêntico ao anterior no que diz respeito à decisão final ser da noiva. Cabe aos cerimonialistas respeitarem e fazerem o possível para que tudo saia a contento.

## 11.38 Com ou sem luvas

Na emoção do momento, o noivo estava colocando a aliança sobre a luva da noiva. Ela se esqueceu de tirar e ele, de avisar. Ficou a meu cargo chamar a atenção para o fato.

Como estão sempre por perto, no cantinho do altar, os cerimonialistas podem dar a orientação adequada durante toda a cerimônia.

## 11.39 Sem chutes

Ainda que seja bom de bola, o noivo não pode chutar a cauda e o véu da noiva.

Mesmo com o ensaio, aconteceu muitas vezes de ver, na hora da cerimônia, o noivo chutar a cauda e o véu da noiva. Não custa lembrar que os noivos devem ser cavalheiros e guiar a noiva, andando sempre à frente para isso não acontecer.

Apesar dos ensaios, procurem estar sempre atentos para ajudar no que for preciso.

## 11.40 Querendo ensinar a quem já sabe

Certa ocasião um fotógrafo renomado, que não havia comparecido à reunião do evento, me disse minutos antes da cerimônia religiosa: "Não se preocupe. Vamos fazer do meu jeito e não como você combinou com a cliente. Acho que não vai ficar chateada por eu lhe ensinar, afinal eu tenho dez anos no ramo, certo?"

Olhei para o colega e disse: "Eu me chatear? Bobagem. Acho que quem já tem dezoito anos no ramo, como eu, deve saber trabalhar em equipe. E equipe é isso. É ouvir o outro profissional, mesmo que ele contrarie nossa opinião."

Ele me pediu desculpas e encerramos o assunto ali. A noiva chegou à igreja e a outra parte da equipe dele não. Estavam tomando água de coco na praia de São Conrado, depois de terem tirado as fotos da noiva em um hotel da proximidade. Pensei: quem precisa aprender alguma coisa sobre organização?

Respeito é primordial, acima de tudo. Nunca façam prejulgamentos. Acreditem em sua capacidade, mas acreditem também na capacidade dos outros.

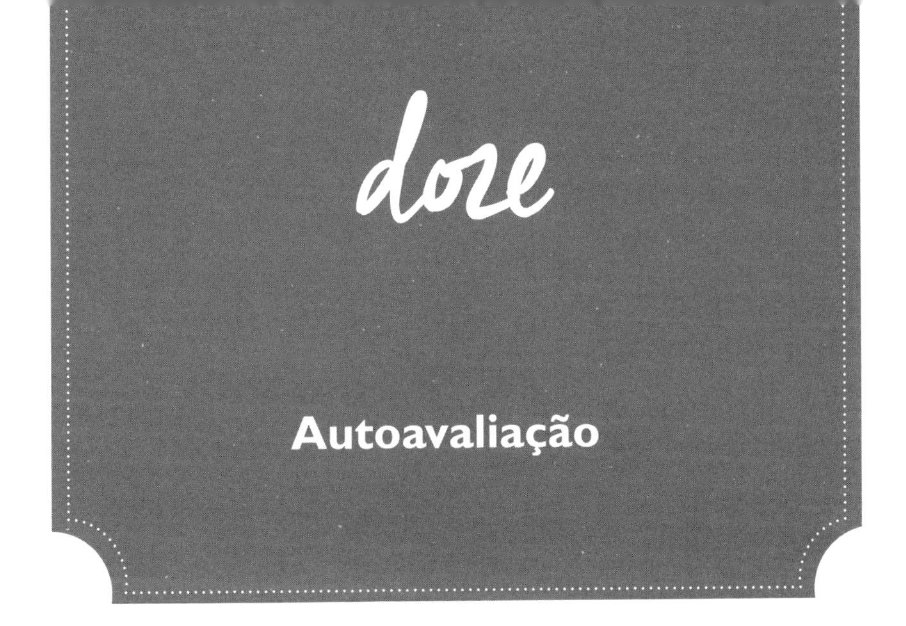

# doze

## Autoavaliação

E nós, cerimonialistas, ficamos cansados? Cansados não, realizados.

Deixe sua equipe se encarregar da desmontagem e da embalagem de todo o material de apoio e equipamentos. Enquanto isso, faça você mesmo a assessoria final ao seu cliente. Lembre-se: o encantamento do evento deve permanecer até o último minuto, ou seja, até que todos tenham ido embora.

Se for oferecido um agrado financeiro aos garçons e recepcionistas, embora isso não seja muito comum de acontecer, entregue-o com os merecidos agradecimentos.

Gostaria de acrescentar que o pós-evento inclui um telefonema ao cliente dias após a realização do evento. Hoje, com tanta tecnologia, podemos também usar as redes sociais, mas não deixe que as inovações concretizem esse momento sem o calor humano.

- Para casamentos e bodas, como provavelmente ocorrerá a lua de mel, dê um tempo para o retorno dos noivos e ligue. Antecipe-se com um e-mail. É bem simpático.

- Para as festas de 15 anos, a ligação pode ser no primeiro dia útil após o evento.

Essa atitude é gratificante para o cliente, pois ele percebe sua preocupação e o interesse pelos seus comentários. E é mais gratificante ainda para o cerimonialista ouvir de seu cliente os elogios que foram feitos pelos convidados. Ele e até seus convidados podem voltar ou vir a ser clientes no futuro.

Todos os comentários devem ser ouvidos. E a tudo deve ser dada muita atenção, com o intuito de aprimoramento e crescimento profissional. Passe para sua equipe todos os comentários necessários e faça uma avaliação frequente com eles sobre o trabalho. Se somos uma equipe, cada um terá muito a acrescentar. Se julgar necessário, faça alterações nos próximos eventos.

Ao fazer a autoavaliação do evento, converse com cada fornecedor para averiguar o que deu certo, o que poderia ter sido diferente, quais foram os imprevistos e como eles foram solucionados. Planeje-se, então, para o próximo evento, identificando todos esses itens.

# treze

## Eventos consagrados

Não é possível enumerar os eventos considerados melhores; cada um teve uma característica principal. Em cada um deles encontrei o glamour, o lado sentimental, o lado engraçado ou o lado triste, o cliente mais aflito ou o mais relaxado, a noiva mais agitada ou a mais tranquila, o noivo mais participativo ou o ausente dos preparativos, os pais mais envolvidos no casamento ou os que não participaram de nada e, para completar, os pais com maior influência sobre as debutantes ou os que deixaram tudo por conta delas.

Cuido do cerimonial de casamento de noivas cujas festas de 15 anos foram responsabilidade de minha empresa. Fico muito feliz quando isso acontece, pois vejo como um retorno do bom trabalho realizado e que ficou registrado no coração daquela família.

Eventos para parentes são também muito diferentes, pois, querendo ou não, há envolvimento emocional. Mesmo assim, na hora do cerimonial, não se pode chorar. Há sempre muitas pessoas olhando e, como mestre de cerimônias, precisamos continuar atentos ao roteiro.

Para quem fez orçamento mas não chegou a realizar o evento comigo, lamento a oportunidade que perdi de oferecer mais um trabalho digno e de confiança. Para os que nem sequer fizeram orçamento comigo, o tempo tem explicação para tudo.

Dos eventos que fiz e dos eventos que farei, vou me dedicar com o mesmo carinho e profissionalismo de mais de trinta anos.

De todos, três trabalhos se destacam como os mais consagrados: a festa de 15 anos da minha sobrinha e amada afilhada Pamella, meu casamento e as bodas de ouro dos meus pais. Tenho ainda sonhos a realizar: os casamentos de meu filho, dos sobrinhos e afilhados, com todo glamour que eles merecem, mas principalmente com muito encanto e amor. Sem falar em minhas bodas de prata e em outras bodas que a vida me permitir completar ao lado do meu marido.

Muita mudança já ocorreu. Muita mudança está por vir. Graças a Deus, pois isso significa que estamos em constante evolução e que cada evento merece uma nova expectativa, um novo visual, um novo sonho.

# Anexo I

## Modelo de contrato – Serviço de cerimonial completo

CONTRATO DE PRESTAÇÃO DE SERVIÇOS

Pelo presente instrumento de prestação de serviços temporários que firmam de um lado, como contratante, o(a) Sr(a). ...................., residente na rua .................., portador da identidade.........., CPF ..........., e de outro lado, doravante denominada contratada, a empresa X, estabelecida na rua............., inscrita no CNPJ sob o nº.................., representada por sua diretora............., identidade.........., CPF..........., residente e domiciliada nesta cidade, têm justo e contratado entre si o cumprimento das cláusulas e condições a seguir.

CLÁUSULA PRIMEIRA – DO OBJETO

O presente contrato tem por objetivo a prestação de serviços de cerimonial durante o evento.........., a realizar-se no local............, no dia..........., das......... às........ horas.

CLÁUSULA SEGUNDA – DAS OBRIGAÇÕES

1- O contratado obriga-se a:

a) Prestar serviços de cerimonial, obedecendo aos critérios, às normas e aos regulamentos específicos do contratante para esse evento;

b) Comparecer com até 9 (nove) horas de antecedência no dia do evento para acompanhar a montagem. Após a montagem, compromete-se a estar com antecedência mínima de duas horas no local e horário definidos pela contratante, já perfeitamente uniformizado para o desempenho de suas atividades;

c) Adotar postura discreta e cordial, prezando sempre pela qualidade no atendimento aos clientes, mantendo com eles relacionamentos unicamente profissionais;

d) Zelar pela boa imagem do contratante e dos convidados;

e) Informar ao contratante qualquer fato ocorrido ou as providências já tomadas para a solução de eventuais situações problemáticas;

f) Participar de todas as reuniões pré e pós-evento que sejam convocadas pela contratante;

g) Prestar informações e sugerir soluções para casos omissos ou imprevistos.

2- O contratante obriga-se a:

a) Propiciar condições para que o contratado desempenhe as atividades que lhe competem da melhor maneira possível;

b) Fornecer todas as informações que estejam diretamente relacionadas ao desempenho das atividades do contratado;

c) Orientar o contratado sobre a utilização de equipamentos próprios ou locados.

CLÁUSULA TERCEIRA – DA VIGÊNCIA

Este acordo terá a duração de ....... dias, no período de ...... a ........, com horário para apresentação e término de atividades no local, compreendido entre......... horas e ......... horas.

CLÁUSULA QUARTA – DOS VALORES E DAS HORAS EXCEDENTES

O valor pela prestação de serviços será de.............. reais, pelo acompanhamento da montagem do evento e pelo período das atividades, e o pagamento será efetuado pelo contratante com uma parcela de 50% (cinquenta por cento) na assinatura do contrato e o restante em até 30 (trinta) dias antes do evento. (Dependendo do contrato, pode ser parcelado.)

Parágrafo único: se houver a necessidade de estender o horário de trabalho, o contratante pagará ao contratado o valor de........ reais a cada hora excedente, que será pago no final do evento, em espécie.

CLÁUSULA QUINTA – DA RESCISÃO

O presente contrato poderá ser rescindido desde que uma das partes comunique a sua intenção por escrito, com antecedência mínima de

3 (três) meses após a sua assinatura, não havendo multa rescisória e não havendo devolução das parcelas pagas.

CLÁUSULA SEXTA – DO FORO

De comum acordo, as partes elegem o foro da cidade ....., com a exclusão de outro, para dirimir dúvidas e questões que possam ser geradas por este instrumento.

Por estarem assim justas e contratadas, as partes lerão e confirmarão o presente instrumento, assinado em duas vias do mesmo teor, com assinaturas reconhecidas e para um só efeito na presença de duas testemunhas que a tudo assistiram e firmam o presente instrumento.

......................., .........de.............de ............

Empresa xxxxxxxxxxxxxxxxx

___________________________________
contratado

___________________________________
testemunha

___________________________________
testemunha

# Anexo II

**Modelo de contrato – Serviço de cerimonial para a festa**

CONTRATO DE PRESTAÇÃO DE SERVIÇOS

Pelo presente instrumento de prestação de serviços temporários que firmam de um lado, como contratante, o(a) Sr(a). ..................., residente na rua ................., portador da identidade.........., CPF..............., e de outro lado, doravante denominada contratada, a empresa X, estabelecida na rua............., inscrita no CNPJ sob o nº..................., representada por sua diretora............., identidade..........., CPF............, residente e domiciliada nesta cidade, têm justo e contratado entre si o cumprimento das cláusulas e condições a seguir.

CLÁUSULA PRIMEIRA – DO OBJETO

O presente contrato tem por objetivo a prestação de serviços de cerimonial durante o evento.........., a realizar-se no local............, no dia..........., das......... às........ horas.

CLÁUSULA SEGUNDA – DAS OBRIGAÇÕES

1- O contratado obriga-se a:

a) Prestar serviços de cerimonial, obedecendo aos critérios, às normas e aos regulamentos específicos do contratante para esse evento;

b) Comparecer com antecedência mínima de ... horas no local e horário definidos pela contratante, já perfeitamente uniformizado para o desempenho de suas atividades;

c) Adotar postura discreta e cordial, prezando sempre pela qualidade no atendimento aos clientes, mantendo com eles relacionamentos unicamente profissionais;

d) Zelar pela boa imagem do contratante e dos convidados;

e) Informar ao contratante qualquer fato ocorrido ou as providências já tomadas para a solução de eventuais situações problemáticas;

f) Fazer uma reunião com todos os contratados para o evento, informando o roteiro do cerimonial.

2- O contratante obriga-se a:

a) Propiciar condições para que o contratado desempenhe as atividades que lhe competem, da melhor maneira possível;

b) Fornecer todas as informações que estejam diretamente relacionadas ao desempenho das atividades do contratado.

CLÁUSULA TERCEIRA – DA VIGÊNCIA

Este acordo terá a duração de ....... dias, no período de ......a ........, com horário para apresentação e término de atividades no local, compreendido entre......... horas e ......... horas.

CLÁUSULA QUARTA – DOS VALORES E DAS HORAS EXCEDENTES

O valor pela prestação de serviços será de.............. reais, pelo período das atividades, e o pagamento será efetuado pelo contratante com uma parcela de 50% (cinquenta por cento) na assinatura do contrato e o restante em até 30 (trinta) dias antes do evento. (Dependendo do contrato, pode ser parcelado.)

Parágrafo único: se houver a necessidade de estender o horário de trabalho, o contratante pagará ao contratado o valor de........ reais a cada hora excedente, que será pago no final do evento, em espécie.

CLÁUSULA QUINTA – DA RESCISÃO

O presente contrato poderá ser rescindido desde que uma das partes comunique a sua intenção por escrito, com antecedência mínima de 3 (três) meses após a sua assinatura, não havendo multa rescisória e não havendo devolução das parcelas pagas.

CLÁUSULA SEXTA – DO FORO

De comum acordo, as partes elegem o foro da cidade ....., com a exclusão de outro, para dirimir dúvidas e questões que possam ser geradas por este instrumento.

Por estarem assim justas e contratadas, as partes lerão e confirmarão o presente instrumento, assinado em duas vias do mesmo teor, com assinaturas reconhecidas e para um só efeito na presença de duas testemunhas que a tudo assistiram e firmam o presente instrumento.

......................., .........de.............de ............

Empresa xxxxxxxxxxxxxxxx

_______________________________

contratado

_______________________________

testemunha

_______________________________

testemunha

**Anotações:**

**Anotações:**

A Editora Senac Rio publica livros nas áreas de Beleza e Estética, Ciências Humanas, Comunicação e Artes, Desenvolvimento Social, Design e Arquitetura, Educação, Gastronomia e Enologia, Gestão e Negócios, Informática, Meio Ambiente, Moda, Saúde, Turismo e Hotelaria.

Visite o site **www.rj.senac.br/editora**, escolha os títulos de sua preferência e boa leitura.

Fique atento aos nossos próximos lançamentos!

À venda nas melhores livrarias do país.

Editora Senac Rio
Tel.: (21) 2545-4819 (Comercial)
comercial.editora@rj.senac.br

Disque-Senac: (21) 4002-2002

Este livro foi composto nas tipografias Bell MT, Cheddar Jack, Newell e Gill Sans e impresso pela Imo's Gráfica e Editora Ltda., em papel *offset* 90g/m², para a Editora Senac Rio, em agosto de 2017.